Italian
Travelmate

compiled by
Lexus
with
Annelisa Franchini
and
Francesca Logi

30130 136178265

This new edition published 2004 by Lexus Ltd
60 Brook Street, Glasgow G40 2AB
Maps drawn by András Bereznay
Typeset by Elfreda Crehan
Series editor: Peter Terrell

© Lexus Ltd

All rights reserved. No part of this publication may be
reproduced or stored in any form without permission
from Lexus Ltd, except for the use of short sections in
reviews.

First published in 1982 by Richard Drew Publishing Ltd,
ISBN 0-904002-75-6
Published in 1991 by W & R Chambers Ltd, ISBN 0-550-
22001-1

British Library Cataloguing in Publication Data
A catalogue record for this book is available from the
British Library.

ISBN 1-904737-03-X

ESSEX COUNTY
COUNCIL LIBRARY

Printed and bound in Great Britain by Scotprint

Your Travelmate

gives you one single easy-to-use A to Z list of words and phrases to help you communicate in Italian.

Built into this list are:

- travel tips (✈) with facts and figures which provide valuable information

- Italian words you'll see on signs and notices
- typical replies to some of the things you might want to say
- language notes giving you basic information about speaking the language
- a menu reader on pages 84-88

There are maps of the Italian mainland, Sicily and Sardinia on pages 157-158. Numbers and the Italian alphabet are on pages 159-160.

Speaking Italian

Your Travelmate also tells you how to pronounce Italian. Just read the pronunciation guides given in square brackets as though they were English and you will communicate – although you might not sound exactly like a native speaker.

If no pronunciation is given this is because the Italian word itself can be spoken more or less as though it were English and a pronunciation guide would add nothing new.

In a few cases where the Italian translation is in fact an English word then this translation is put in quotes.

Sometimes only a part of a word or phrase needs a pronunciation guide.

Stress

Letters in blue show which part of a word to stress, or to give more weight to, when speaking Italian. Getting the stress right is particularly important.

Some special points about the pronunciation system used to represent Italian:

ah	like the a in p**a**rty
air	like the air sound in h**air**
ay	like the ay in p**ay**
ew	like the ew in f**ew**
g, gh	like the g in **g**o
I	like the i in h**i**
oo	like the oo in b**oo**t
ow	like the ow in c**ow**

Where Italian has a double consonant (tt, mm etc) each letter should be pronounced separately. Think of the difference between saying 'sure time' and 'short time'.

Men and women speaking

When you see an entry with a slash like:

grateful: I'm very grateful to you le sono molto grato/a [lay...gra**h**to/a]

the Italian given after the slash is the form to be used by female speakers. So a man would say:

I'm very grateful to you le sono molto grato

and a woman would say:

I'm very grateful to you le sono molto grata

When two translations are given, as in:

the only one l'unico/a [loo**neeko/a**]

the first is for masculine nouns (with **un, il, i** or **gli**) and the second for feminine nouns (with **una, la** or **le**).

Language backup

To find out more about Lexus and Lexus Translations or to comment on this book you can go on-line to www.lexusforlanguages.co.uk.

A [ah]

a, an un, uno/una [oon, oono...]

> **Un** and **uno** correspond to the words for
> 'the', **il** and **lo**. Use the **uno** form with
> words starting with s+consonant, gn, ps
> and z. **Una** corresponds to **la**.

about: is the manager about? c'è il direttore?
[chay eel deerayt-toray]
   about 15 circa quindici [cheerka kweendeechee]
   about 2 o'clock verso le due [vairso lay doo-ay]
above sopra
abroad all'estero [al-lestayro]
absolutely! assolutamente [-mentay]
accelerator l'acceleratore [achelayratoray]
accendere i fari switch on headlights
accept accettare [achet-taray]
accident un incidente [eencheedentay]
   there's been an accident è successo un
   incidente [ay sooches-so...]
accurate accurato [ak-koorahto]
ACI, Automobil Club d'Italia like the AA or RAC
acqua potabile drinking water
across attraverso [at-travairso]
   across the street dall'altra parte della strada
   [...partay...]
adaptor un adattatore [-toray]
address l'indirizzo [eendeereet-tzo]
   will you give me your address? mi dai il tuo
   indirizzo? [mee dɪ...]
adjust regolare [raygo-laray]
admission l'entrata
Adriatic l'Adriatico
advance: can we book in advance? possiamo

prenotare? [...pray-notaray]

advert un annuncio [an-nooncho]

afraid: I'm afraid so purtroppo sì [...see]
  I'm afraid not no, mi spiace [no mee spee-ahchay]

after dopo
  after you dopo di lei [...dee lay]

afternoon il pomeriggio [pomayreej-jo]
  in the afternoon nel pomeriggio
  this afternoon questo pomeriggio

aftershave il dopobarba

again ancora

against contro

age l'età [aytah]
  under age minorenne [meenoren-nay]
  it takes ages ci vogliono anni [chee vol-yono an-nee]

ago: a week ago una settimana fa
  it wasn't long ago non tanto tempo fa
  how long ago was that? quanto tempo fa?

agree: I agree sono d'accordo
  it doesn't agree with me non lo digerisco [...deejaireesko]

air l'aria [ahree-a]
  by air in aereo [een ah-ay-ray-o]

air-conditioning: with air-conditioning con l'aria condizionata [...kondeetzee-onahta]

air hostess la hostess

airmail: by airmail per posta aerea [pair...ah-ay-ray-a]

airport l'aeroporto [a-airoporto]
  does this go to the airport? va all'aeroporto?

airport bus l'autobus dell'aeroporto [owtoboos del a-airoporto]

aisle seat un posto vicino al corridoio [...veecheeno al kor-reedo-yo]

alarm clock la sveglia [svayl-ya]

alcohol l'alcol [alkol]

  is it alcoholic? è alcolico? [ay alkoleeko]

alive: is he still alive? è ancora vivo? [ay...]

all tutto [toot-to]

  all the passengers tutti i passeggeri

  all night tutta la notte [...not-tay]

  that's all è tutto

  that's all wrong è tutto sbagliato [ay...sbal-yahto]

  thank you – not at all grazie – prego [gratzee-ay – praygo]

  all right va bene [...baynay]

  it's all right va bene così [...kosee]

  I'm all right sto bene

allergic: I'm allergic to... sono allergico/a a... [al-lairjeeko/a ah]

allowed: is it allowed? è permesso? [ay pairmes-so]

  that's not allowed è vietato [ay vee-aytahto]

  allow me mi permetta [mee...]

almost quasi [kwasee]

alone solo

  did you come here alone? è venuto/a solo/a? [ay...]

  leave me alone mi lasci stare [mee lashee staray]

already già [ja]

also anche [ankay]

alt halt

although sebbene [seb-baynay]

altogether in tutto [een toot-to]

  what does that make altogether? quant'è in tutto? [kwantay...]

altri alberghi other hotels

always sempre [sempray]

am¹ *(in the morning)* di mattina [dee mat-teena]

> ✈ The 24-hour clock is commonly used in spoken Italian.

am² go to **be**

ambulance un'ambulanza [amboolantza]
  get an ambulance! chiamate un'ambulanza!
  [kee-amahtay...]

> ✈ Dial 118.

America l'America [amayreeka]
American *(man)* un americano [amayreekahno]
  (woman) un'americana
  (adjective) americano
among tra
amp: a 13 amp fuse un fusibile da 13 ampère
  [foozeebeelay da...ampair]
anchor l'ancora [ankora]
ancient Rome *(city)* Roma Antica [...anteeka]
  (culture) l'Antica Roma
and e [ay]
angry seccato
  I'm very angry (about it) sono molto
  seccato/a (al riguardo) [...reegwardo]
ankle la caviglia [kaveel-ya]
anniversary: it's our anniversary è il nostro
  anniversario [ay...]
annoy: he's annoying me mi sta seccando
  [mee...]
  it's very annoying è molto seccante [ay molto
  sek-kantay]
anorak la giacca a vento [jak-ka...]
another: can we have another room?
  potremmo avere un'altra camera? [...avairay...]
  another beer, please un'altra birra, per favore
  [...pair favoray]

answer la risposta
 what was his answer? qual è stata la sua risposta? [kwalay stahta...]
 there was no answer non ha risposto nessuno [...ah...]
antibiotics gli antibiotici [anteebee-oteechee]
antifreeze l'antigelo [anteejaylo]
antique un pezzo d'antiquariato [pet-tzo danteekwaree-ahto]
any: have you got any bananas/butter? avete delle banane/del burro? [avaytay del-lay bananay...]
 we haven't got any money/tickets non abbiamo soldi/biglietti [non ab-bee-ahmo...]
 I haven't got any non ne ho [non nay o]
anybody qualcuno [kwalkoono]
 I can't see anybody non vedo nessuno [...vaydo...]
anything qualcosa [kwalkoza]
 anything will do va bene tutto [va baynay toot-to]
 I don't want anything non voglio niente [non vol-yo nee-entay]
aperto open
apology: please accept my apologies mi scusi [mee...]
appendicitis l'appendicite [ap-pendeecheetay]
appetite l'appetito [ap-payteeto]
 I've lost my appetite non ho più appetito [...o pew...]
apple una mela [mayla]
apple pie una crostata di mele [...dee maylay]
appointment: can I make an appointment? posso avere un appuntamento? [...avairay...]
apricot un'albicocca
April aprile [apreelay]

APT tourist office
aqualung l'autorespiratore [owto-respeeratoray]

➤ The use of an aqualung for underwater
fishing is forbidden in Italian waters.

archaeology l'archeologia [arkay-olojee-a]
are go to **be**
area (neighbourhood) l'area [ah-ray-a]
area code il prefisso [prayfees-so]

➤ Always include the zero of the area code
whether you are calling from within Italy
or from abroad.

arm il braccio [bracho]
around go to **about**
arrange: will you arrange it? ci pensa lei? [chee
pensa lay]
arrest (verb) arrestare [-taray]
arrival l'arrivo [ar-reevo]
arrive arrivare [ar-reevaray]
  we only arrived yesterday siamo arrivati solo
  ieri [...yayree]
arrivi arrivals
art l'arte [artay]
art gallery una galleria d'arte [gal-layree-a...]
arthritis l'artrite [artreetay]
artificial artificiale [arteefeechahlay]
artist l'artista
as: as quickly as you can il più in fretta possibile
[eel pew een fret-ta pos-seebeelay]
  as much as you can il più che può [...kay pwo]
  as you like come le pare [komay lay paray]
ascensore lift
ashore a terra
  to go ashore sbarcare [sbarkaray]
ashtray un portacenere [porta-chaynairay]

ask chiedere [kee-aydairay]
   could you ask him to...? può chiedergli di...?
   [pwo kee-aydairlee dee...]
   that's not what I asked for non è quello che
   ho chiesto [...kay o kee-esto]
asleep: he's still asleep dorme ancora [dormay
   ankora]
asparagus gli asparagi [asparajee]
aspirin un'aspirina
assistant *(in shop)* il commesso
   (woman) la commessa
asthma l'asma
at a [ah]

> The word **a**, when used with the words
> for 'the' **il/lo/la** becomes **al/allo/alla**.
> With the plural forms for 'the' **i/gli/le** it
> becomes **ai/agli/alle**.
>   **at the café** al caffè [...kaf-fay]
>   **at my hotel** al mio albergo
>   **at one o'clock** all'una
>   **at eight o'clock** alle otto

attenti al cane beware of the dog
attenzione caution
attitude l'atteggiamento [at-tej-jamento]
attractive: I think you're very attractive ti trovo
   molto attraente [tee...at-tra-entay]
aubergine la melanzana [maylantzana]
August agosto
aunt: my aunt mia zia [...tzee-a]
Australia l'Australia [owstral-ya]
Australian australiano [owstral-yahno]
Austria l'Austria [owstree-a]
authorities le autorità [owtoreetah]
automatic automatico [owtomateeko]
   (car) un'auto col cambio automatico [owto...]

autostrada motorway
autumn: in the autumn in autunno [owtoon-no]
avanti cross now
away: is it far away from here? è molto lontano
   da qua? [ay...lontahno...]
   go away! va' via! [...vee-a]
awful terribile [tair-reebeelay]
axle l'asse [as-say]

B [bee]

baby il bambino
   we'd like a baby-sitter vorremmo una baby-
   sitter
back: I've got a bad back soffro di mal di
   schiena [...dee skee-ayna]
   at the back dietro [dee-aytro]
   I'll be right back torno subito [...soobeeto]
   is he back? è tornato? [ay tornahto]
   can I have my money back? posso avere
   indietro il denaro? [...avairay eendee-aytro...]
   I go back tomorrow riparto domani
backpacker un/un'escursionista [eskoorsee-
   oneesta]
bacon la pancetta affumicata [panchayt-ta...]
   bacon and eggs uova e pancetta [wova ay...]
bad cattivo [kat-teevo]
   it's not bad non c'è male [non chay mahlay]
   too bad! pazienza! [patzee-entza]
bag una borsa
baggage i bagagli [bagal-yee]
bagno bathroom
baker's il panettiere [panet-tee-ayray]
balcony il balcone [balkonay]
   a room with a balcony una camera con
   balcone

bald calvo
ball *(football etc)* un pallone [pal-lonay]
  (tennis, golf) una palla
ball-point (pen) una biro [beero]
banana una banana
band *(musical)* l'orchestra
  (pop) un gruppo
bandage una benda
  could you change the bandage? può
  cambiare la benda? [pwo kambee-aray...]
bank *(for money)* la banca

✈ Banks are open from 8.30 to 1.30 and
  mostly closed on Saturdays. Some banks
  may open for a couple of hours in the
  afternoon.

bank holiday *go to* **public holiday**
bar il bar
  in the bar al bar

✈ In most bars you have to pay at the cash
  desk before ordering. You'll then get a
  ticket (**lo scontrino**) which you show at
  the bar.

YOU MAY HEAR
desidera? *what can I get you?*

barber's il barbiere [barbee-airay]
bargain: it's a real bargain è proprio un affare
  [ay...af-faray]
barmaid la barista [bareesta]
barman il barista [bareesta]
baseball cap un berretto da baseball
basket il cestino [chesteeno]
bath il bagno [ban-yo]
  (tub) la vasca

can I have a bath? posso fare il bagno?
[...faray...]
could you give me a bath towel? può darmi
un asciugamano da bagno? [pwo darmee oon
ashooga-mahno da...]
bathroom il bagno [ban-yo]
we want a room with bathroom vorremmo
una camera con bagno
can I use your bathroom? posso usare il
bagno? [...oozaray...]
battery una pila [peela]
(for car) la batteria [bat-tayree-a]
be essere [es-sairay]
be honest sia onesto/a [see-a...]
don't be... non sia...

Here is the present tense of the Italian
verb 'to be'.

I am sono
you are *(familiar)* sei [say]
you are *(polite)* è [ay]
he/she/it is è [ay]
we are siamo [see-ahmo]
you are *(plural)* siete [see-aytay]
they are sono

---

beach la spiaggia [spee-aj-ja]
on the beach in spiaggia
beans i fagioli [fajolee]
beautiful bello
that was a beautiful meal il pranzo era ottimo
[eel prantzo aira ot-teemo]
because perché [pairkay]
because of the weather a causa del tempo [ah
kowza...]
bed il letto

a single bed un letto singolo
a double bed un letto matrimoniale [...–ahlay]
I'm off to bed vado a letto
you haven't changed my bed non avete
cambiato le lenzuola [non avaytay kambee-ahto
lay lentzwola]
bed and breakfast camera e prima colazione
[kamaira ay preema kolatzee-onay]

> ✈ There is no real equivalent to the British
> B&B. You could try **una pensione** [payn-
> see-onay], which is really a family-run hotel.

bedroom la camera da letto
bee un'ape [ah-pay]
beef il manzo [mantzo]
beer una birra [beera]
  two beers, please due birre, per favore [doo-ay
  beeray pair favoray]

> ✈ Beer is usually lager-type.

before: before breakfast prima di colazione
[preema dee kolatzee-onay]
  before we leave prima di partire [...parteeray]
  I haven't been here before non c'ero mai
  stato [non chairo ma-ee stahto]
begin: when does it begin? quando inizia?
[kwando eeneetzee-a]
beginner un/una principiante [...preencheepee-
antay]
behind dietro [dee-aytro]
  behind me dietro di me [...dee may]
Belgium il Belgio [bel-jo]
believe: I don't believe you non le credo [non
lay kraydo]
  I believe you le credo
bell (in hotel, on door) il campanello

(of church) la campana
belong: that belongs to me è mio/a [ay...]
who does this belong to? di chi è? [dee kee...]
below sotto
belt la cintura [cheentoora]
bend *(in road)* una curva [koorva]
berries le bacche [bak-kay]
berth *(on ship)* la cuccetta [koochet-ta]
beside accanto a
best migliore [meel-yoray]
it's the best holiday I've ever had è la
migliore vacanza che abbia fatto [...vakantza
kay...]
I did my best ho fatto del mio meglio [...mel-
yo]
better meglio [mel-yo]
haven't you got anything better? non ha
niente di meglio? [non ah nee-entay dee...]
are you feeling better? si sente meglio? [see
sentay...]
I'm feeling a lot better mi sento molto meglio
[mee...]
between tra
beyond oltre [oltray]
bicycle la bicicletta [beecheeklet-ta]
big grande [granday]
a big one uno/a grande
that's too big è troppo grande [ay...]
have you got a bigger one? ne avete uno più
grande? [nay avaytay oono pew...]
biglietti tickets
bike una bici [beechee]
bikini il bikini
bill il conto
could I have the bill, please? il conto, per
favore [...pair favoray]

binario platform
bird un uccello [oochel-lo]
birthday il compleanno [komplayan-no]
  happy birthday! buon compleanno! [bwon...]
  it's my birthday è il mio compleanno [ay eel
  mee-o...]
biscuit un biscotto
bit: just a little bit solo un po'
  that's a bit too expensive è un po' troppo
  caro
  a bit of that cake un pezzo di quella torta
  [pet-tzo dee...]
  a big bit un bel pezzo
bitter *(taste)* amaro
black nero [nayro]
blackout: he's had a blackout è svenuto [ay
  svaynooto]
blanket una coperta [kopairta]
bleach *(for cleaning)* la candeggina [kandej-jeena]
bleed sanguinare [sangweenaray]
bless you! *(after sneeze)* salute! [salootay]
blind *(cannot see)* cieco [chayko]
blister una vescica [vaysheeka]
blocked bloccato
blonde una bionda [bee-onda]
blood il sangue [sangway]
  his blood group is... il suo gruppo sanguigno
  è... [...groop-po sangween-yo...]
  I've got high blood pressure ho la pressione
  alta [o la prays-yonay...]
  he needs a blood transfusion ha bisogno
  di una trasfusione [ah beezon-yo dee oona
  trasfoozee-onay]
bloody: that's bloody good! è fantastico! [ay...]
  bloody hell! *(annoyed, amazed)* cavolo!
blouse una camicetta [kameechet-ta]

blue blu
board: full board la pensione completa
[paynsee-onay komplayta]
  half board la mezza pensione [met-tza...]
boarding pass la carta d'imbarco
boat una barca
  (bigger) una nave [na-vay]
  when is the next boat to...? quando parte la
  prossima nave per...? [kwando partay...]
body il corpo
  (corpse) un cadavere [kadavayray]
boil: do we have to boil the water? dobbiamo
  bollire l'acqua? [...bol-leeray...]
boiled egg un uovo alla coque [wovo al-la kok]
bolt il chiavistello [kee-aveestel-lo]
bone un osso
  (in fish) una lisca [leeska]
bonnet *(of car)* il cofano [kofano]
book un libro [leebro]
  can I book a seat for...? posso prenotare un
  biglietto per...? [...pray-notaray oon beel-yet-to...]
  I'd like to book a table for two vorrei
  prenotare un tavolo per due [vor-ray...oon
  tavolo pair doo-ay]

> *YOU MAY THEN HEAR*
> a che ora? *for what time?*
> come si chiama? *and your name is?*

booking office l'ufficio prenotazioni [oof-feecho
  praynotatzee-onee]
bookshop una libreria [leebrairee-a]
boot uno stivale [steevahlay]
  (of car) il portabagagli [portabag-al-yee]
booze: I had too much booze ho bevuto
  troppo [o bevooto...]
border il confine [konfeenay]

bored: I'm bored sono annoiato/a [an-noy-yahto/a]

boring noioso [noy-ozo]

born: I was born in... sono nato/a nel... *(year)* [...nahto...]

go to **date**

borrow: can I borrow...? posso avere in prestito...? [...avairay een presteeto]

boss il/la capo

both entrambi/e [entrambee-ay]

I'll take both of them li prendo entrambi [lee...]

bottle una bottiglia [bot-teel-ya]

bottle-opener un apribottiglie [apree-bot-teel-yay]

bottom *(of person)* il sedere [saydairay]

at the bottom of the hill in fondo alla collina

bouncer il buttafuori [boot-tafworee]

bowl *(for soup etc)* una scodella

box una scatola [skatola]

(wooden) una cassetta

boy il ragazzo [ragat-tzo]

boyfriend il ragazzo [ragat-tzo]

(older) il compagno [kompan-yo]

bra il reggiseno [rej-jeesayno]

bracelet il braccialetto [brachalet-to]

brake il freno [frayno]

could you check the brakes? può controllare i freni? [pwo kontrol-laray ee...]

I had to brake suddenly ho dovuto frenare all'improvviso [o dovooto fraynaray...]

he didn't brake non ha frenato [non ah...]

brandy un brandy

bread il pane [pahnay]

could we have some bread and butter? potremmo avere del pane e burro? [...avairay...]

some more bread, please ancora del pane, per favore [...pair favoray]

break *(verb)* rompere [rompairay]

I think I've broken my arm penso di essermi rotto il braccio [...dee essairmee...bracho]

you've broken it l'ha rotto [la...]

break into: my room has been broken into mi sono entrati in camera [mee sono entrahtee een kamaira]

my car has been broken into mi hanno aperto l'auto [...an-no apairto lowto]

breakable fragile [frajeelay]

breakdown un guasto [gwasto]

I've had a breakdown ho avuto un guasto [o...]

a nervous breakdown l'esaurimento nervoso [ayzowreemento nairvozo]

✈ Phone 803116 **(soccorso stradale ACI)** for breakdown services.

breakfast la colazione [kolatzee-onay]

breast il petto

breathe respirare [respeeraray]

I can't breathe non riesco a respirare [non ree-aysko...]

bridge il ponte [pontay]

briefcase la valigetta [valeejet-ta]

brighten up: do you think it'll brighten up later? pensa che si rischiarerà più tardi? [...kay see reeskee-arayra pew tardee]

brilliant eccellente [aychayl-lentay]

brilliant! fantastico!

bring portare [portaray]

could you bring it to my hotel? può portarlo al mio albergo? [pwo...]

Britain la Gran Bretagna [...bretan-ya]

British britannico

✈ Italians often use **inglese** rather than **britannico** to refer to people from the UK.

brochure un opuscolo [opooskolo]
  have you got any brochures about...? ha un opuscolo su...? [ah...]
broken rotto
  it's broken è rotto/a [ay...]
brooch una spilla [speel-la]
brother: my brother mio fratello [mee-o...]
brown marrone [mar-ronay]
  (tanned) abbronzato [-zahto]
browse: can I just browse around? posso dare un'occhiata? [...daray oon ok-kee-ahta]
bruise una ammaccatura [am-mak-ka-toora]
brunette una mora
brush una spazzola [spat-tzola]
  (painter's) un pennello
bucket il secchio [sek-yo]
buffet il buffet [boof-fay]
building un edificio [aydeefeecho]
  (residential) un palazzo [palat-tzo]
bulb la lampadina [lampadeena]
  the bulb's gone si è bruciata la lampadina [see ay broochahta...]
bumbag un marsupio [marsoopee-o]
bump: he's had a bump on the head ha urtato la testa [ah oortahto...]
bumper il paraurti [para-oortee]
bunch of flowers un mazzo di fiori [mat-tzo dee fee-oree]
bunk una cuccetta [koochet-ta]
bunk beds i letti a castello
buoy una boa
bureau de change l'ufficio di cambio [oof-feecho dee kambee-o]

burglar un ladro
  (woman) una ladra
burgle: our flat's been burgled ci hanno
  svaligiato la casa [chee an-no svaleejahto la
  kahza]

> **they've taken all my money** mi hanno rubato
> tutto il denaro [mee an-no...]

burn: this meat is burnt la carne è bruciata [la
  karnay ay broochahta]
  my arms are burnt mi sono scottato le braccia
  [...bracha]
  can you give me something for these burns?
  mi può dare qualcosa per queste scottature?
  [mee pwo daray...skot-tatooray]
bus l'autobus [owtoboos]
  which bus is it for...? qual è l'autobus per...?
  [kwalay...]

> **could you tell me when we get there?** me lo
> può dire quando ci siamo? [may lo pwo deeray
> kwando chee see-ahmo]

✈ Normally you should buy a ticket or a
  book of tickets from a newsstand or tobacconist before you get on the bus. You
  usually pay a flat fare, a ticket being valid
  for around one hour for any distance trav-
  elled (including transfers from one bus to
  another). On some buses you can also buy
  a ticket from the driver (but this is slightly
  more expensive). In Rome and Milan
  underground tickets are also valid for bus
  travel for up to one hour from the time of
  issue. Don't forget to stamp your ticket in
  the machine on the bus.

business: I'm here on business sono qui per lavoro [...kwee pair...]

none of your business! non è affar suo! [...ay...]

business trip un viaggio di lavoro [vee-aj-jo dee...]

bus station la stazione degli autobus [statzee-onay del-yee owtoboos]

bus stop la fermata dell'autobus [fairmahta del owtoboos]

bust (of woman) il seno [sayno]

busy (streets etc) trafficato [-kahto]

(telephone) occupato [ok-koopahto]

are you busy? è impegnato/a? [ay eempayn-yahto/a]

it's very busy here c'è un gran movimento qui [chay...kwee]

but ma

not...but... non...ma...

butcher's il macellaio [machel-la-yo]

butter il burro [boor-ro]

button un bottone [bot-tonay]

buy: where can I buy...? dove posso comprare...? [dovay...kompraray]

by: I'm here by myself sono qui da solo/a [...kwee...]

are you by yourself? è da solo/a? [ay...]

can you do it by tomorrow? può farlo per domani? [pwo...pair...]

by train/car/plane in treno/auto/aereo [een trayno/owto/ah-ayray-o]

I parked by the trees ho parcheggiato vicino agli alberi [o parkej-jahto veecheeno al-yee albairee]

who's it made by? chi l'ha fatto? [kee la...]

a film by... un film di... [...dee...]

C [chee]

C, caldo *(on tap)* hot
cabbage il cavolo [kavolo]
cabin *(on ship)* una cabina [kabeena]
cable *(electric)* il cavo [kahvo]
caduta massi falling rocks
café un caffè [kaf-fay]

> ✈ Cafés also serve alcoholic drinks, but only
> snacks – toasted sandwiches (**toast**) and
> cakes; for café-type food look for the sign
> **tavola calda**.

cake una torta
   (small) una pasta
calculator una calcolatrice [-treechay]
caldo hot
call: will you call the manager? mi chiama il
   direttore? [mee kee-ama eel deeraytoray]
   what is this called? come si chiama? [...see...]
   I'll call back later *(on phone)* richiamerò più
   tardi [reekee-amairo pew tardee]
call box un telefono pubblico [telayfono
   poobleeko]
calm calmo
   calm down! si calmi! [see...]
cambio bureau de change
camcorder una videocamera
camera la macchina fotografica [mak-keena...]
camp: is there somewhere we can camp? dove
   possiamo accamparci? [dovay...ak-kamparchee]
   can we camp here? possiamo accamparci
   qua?
   a camping holiday una vacanza in campeggio
   [vakantza een kampej-jo]

campeggio campsite

campsite un camping, un campeggio [kampej-jo]

> ✈ Camping is now restricted to campsites. The best are those recommended by ENIT (the national tourist organization).

can¹: a can of beer una lattina di birra [...dee...]

can²: can I have...? posso avere...? [...avairay]
  can you show me...? può/puoi mostrarmi...? *(polite/familiar)* [pwo/pwoy...mostrarmee]
  I can't... non posso...
  I can't swim non so nuotare
  I can't open it non riesco ad aprirlo [non ree-aysko...]
  he/she can't... non può...
  we can't... non possiamo... [...pos-see-ahmo]

Canada il Canada

cancel: I want to cancel my booking vorrei cancellare la mia prenotazione [vor-ray kanchel-laray la mee-a praynotatzee-onay]
  can we cancel dinner for tonight? possiamo cancellare la cena stasera? [...chayna...stasaira]

candle una candela [kandayla]

can-opener un apriscatole [apree-skatolay]

capsize capovolgersi [kapovoljairsee]

car l'auto, la macchina [owto, mak-keena]
  by car in macchina

carafe una caraffa

caravan la roulotte [roolot]

carburettor il carburatore [karbooratoray]

cards le carte [kartay]
  do you play cards? gioca a carte? [joka...]

care: goodbye, take care ciao, stammi bene [chow stam-mee baynay]

careful: be careful sta attento/a

car-ferry il traghetto [traghet-to]

car park un parcheggio [park*e*j-jo]
carpet il tappeto
  (wall to wall) la moquette [mok*e*t]
carrier bag un sacchetto [sak-k*e*t-to]
carrot la carota
carry portare [port*a*ray]
carving un intaglio [eent*a*l-yo]
case *(suitcase)* una valigia [val*ee*ja]
casello a... motorway toll at...
cash soldi contanti [s*o*ldee kont*a*ntee]
  I haven't any cash non ho contanti [non o...]
  will you cash a cheque for me? può
  cambiarmi questo assegno? [pwo...as-s*ay*n-yo]
  I'll pay cash pago in contanti
cash desk la cassa
casino il casinò [kazeen*o*]

> It is important to stress the last syllable;
> pronounced as in English the word means
> 'brothel, mess or racket'.

cassa cash point; cashier
cassette una cassetta
cassette player un mangianastri [manja-n*a*stree]
castle il castello
cat il gatto
catch: where do we catch the bus? dove
  si prende l'autobus? [d*o*vay see pr*e*nday
  l*o*wtoboos]
  he's caught a bug si è preso un malanno [see
  ay pr*a*yzo...]
cathedral la cattedrale [katay-dr*a*hlay]
catholic cattolico [kat-t*o*leeko]
cave la grotta
CD un CD [chay-d*a*y]
CD-player un lettore CD [let-t*o*ray chay-d*a*y]
ceiling il soffitto

cellophane il cellophane [chel-lofahn]
cent un centesimo [chen-teseemo]
centigrade centigradi [chenteegradee]

> ✈ C/5 x 9 + 32 = F
> | centigrade | -5 | 0 | 10 | 15 | 21 | 30 | 36.9 |
> | --- | --- | --- | --- | --- | --- | --- | --- |
> | Fahrenheit | 23 | 32 | 50 | 59 | 70 | 86 | 98.4 |

centimetre un centimetro [chenteemaytro]

> ✈ 1 cm = 0.39 inches

central centrale [chentrahlay]
  with central heating con riscaldamento
  autonomo [...owtonomo]
centre il centro [chentro]
  how do we get to the centre? come si va in
  centro? [komay see...]
certain *(sure)* certo [chairto]
  are you certain? è sicuro/a? [ay...]
certificate il certificato [chairteefeekahto]
chain la catena [katayna]
chair la sedia [saydee-a]
  (armchair) la poltrona
chairlift la seggiovia [sej-jovee-a]
chambermaid la cameriera [kamairee-ayra]
champagne lo champagne [shompan-yuh]
change *(verb)* cambiare [kambee-aray]
  could you change this into euros? può
  cambiare questi in euro? [pwo...een ay-ooro]
  I haven't any change non ho spiccioli [non o
  speecholee]
  do you have change for 100 euros? può
  cambiarmi cento euro? [...chento...]
  do we have to change trains? dobbiamo
  cambiare treno?
  I'd like to change my flight vorrei prendere
  un altro volo [vor-ray prendairay...]

I'll just get changed vado a cambiarmi [vahdo...]

> ✈ Changing money: as well as banks look for **Agenzia di Cambio.**

channel: the Channel la Manica [maneeka]

Channel Tunnel il tunnel sotto la Manica [toonnel...maneeka]

charge: what will you charge? quanto fate pagare? [...fahtay pagaray]

who's in charge? chi è il/la responsabile? [kee ay eel/la responsahbeelay]

chart *(map)* una carta

cheap a buon mercato [ah bwon mairkahto]

have you got something cheaper? ha qualcosa di meno caro? [ah kwalkoza dee mayno...]

cheat: I've been cheated mi hanno imbrogliato [mee an-no eembrol-yahto]

check: will you check? può controllare? [pwo...-aray]

I've checked ho controllato [o...]

we checked in *(at hotel)* ci siamo registrati [chee see-ahmo rejeestrahtee]

we checked out *(from hotel)* abbiamo pagato il conto [...pagahto...]

check-in desk il check-in

check-in time l'orario del check-in [oraree-o...]

cheek *(of face)* la guancia [gwancha]

cheeky sfacciato [sfachahto]

cheerio ciao [chow]

cheers *(toast)* cin-cin [cheen-cheen]

(thanks) grazie [gratzee-ay]

cheese il formaggio [formaj-jo]

✈ There are a lot of varieties of cheese from the universally known and fairly mild **parmigiano** (parmesan cheese) typically grated on pasta and many other dishes, to the strong-flavoured **pecorino** (ewe's milk cheese) – a delicacy is pecorino and honey – or the strong-smelling **gorgonzola** (a kind of blue cheese). Others to try include: **mozzarella** (rubbery), **taleggio** (full fat, semi-matured, strong taste), **ricotta** (like cottage cheese), **mascarpone** (fatty cream cheese).

cheeseburger un 'cheeseburger'
chef lo chef
chemist's la farmacia [farmachee-a]

✈ If a chemist's is closed you'll find on the door a note of the nearest one that's open (**farmacia di turno**).

cheque un assegno [as-sayn-yo]
  will you take a cheque? prende un assegno? [prenday...]
cheque book il libretto degli assegni [...del-yee as-sayn-yee]
cheque card la carta assegni [...as-sayn-yee]
chest il petto [pet-to]

✈ chest measurements

UK:	34	36	38	40	42	44	46
Italy:	87	91	97	102	107	112	117

chewing gum la gomma da masticare [...masteekaray]
chicken il pollo
chickenpox la varicella [vareechel-la]
child il bambino [bambeeno]

(girl) la bambina
child minder una bambinaia [bambeen-ı-ya]
children i bambini [bambeenee]
  a children's portion una porzione per bambini
  [...portzee-onay...]

> ✈ Italy is a very child-friendly country. No
> problem with taking children into restau-
> rants or bars.

chin il mento
china la porcellana [porchel-lahna]
chips le patatine fritte [patateenay freet-tay]
  (in casino) le fiche [feesh]
chiuso closed
chiuso per ferie closed for holidays
chocolate il cioccolato [chok-kolahto]
  a hot chocolate una cioccolata calda
  a box of chocolates una scatola di cioccolatini
  [skatola dee...]
chop: pork/lamb chop una cotoletta di maiale/
  d'agnello [...dee mı-ahlay/danyel-lo]
Christian name il nome di battesimo [nomay dee
  bat-tayzeemo]
Christmas Natale [natahlay]
  on Christmas Eve la vigilia di Natale [veejeelee-
  a]
  Happy Christmas buon Natale [bwon...]

> ✈ Some families start celebrating Christmas
> on Chrismas Eve, others wait until
> Christmas morning. Christmas dinner will
> include the traditional **cappone** (capon)
> with roast potatoes. Then the traditional
> Chrismas cake – **panettone** or **pandoro**.

church la chiesa [kee-ayza]
ciao hello; goodbye

cider un sidro [seedro]

cigar il sigaro [seegaro]

cigarette una sigaretta

cinema il cinema [cheenayma]

circle il cerchio [chairkee-o]
(in cinema) la galleria [gal-lairee-a]

city la città [cheet-ta]

city centre il centro [chentro]

claim *(insurance)* una richiesta d'indennizzo [reekee-esta deen-den-neet-tzo]

clarify chiarire [kee-areeray]

clean *(adjective)* pulito [pooleeto]
it's not clean non è pulito
my room hasn't been cleaned today la mia stanza non è stata pulita oggi [mee-a stantza...ay...oj-jee]

cleansing cream la crema detergente [krayma daytairjentay]

clear: I'm not clear about it non è chiaro [non ay kee-aro]

clever intelligente [eentel-leejentay]
(skilful) bravo [brah-vo]

climate il clima [kleema]

climb: we're going to climb... scaleremo... [skalairaymo...]

climber uno scalatore [-toray]
(female) una scalatrice [-treechay]

climbing boots gli scarponi da montagna [skarponee da montan-ya]

clip *(ski)* lo stop

cloakroom *(for clothes)* il guardaroba [gwardaroba]

clock l'orologio [orolojo]
(alarm clock) la sveglia

close¹ vicino [veecheeno]
(weather) afoso

is it close to...? è vicino a...? [ay...]
close²: when do you close? quando chiudete?
[...kee-oodaytay]
closed chiuso [kee-oozo]
cloth la stoffa
   (rag) uno straccio [stracho]
clothes i vestiti [vesteetee]
clothes peg una molletta da bucato [...bookahto]
cloud la nuvola [noovola]
clubbing: we're going clubbing andiamo a
   ballare [andee-ahmo ah bal-laray]
clutch la frizione [freetzee-onay]
   the clutch is slipping la frizione non si innesta
   [...si...]
coach il pullman
coach party la comitiva del pullman
coach trip una gita in pullman [jeeta een...]
coast la costa
   at the coast sulla costa
coastguard la guardia costiera [gwardee-a kostee-
   ayra]
coat il cappotto
cockroach uno scarafaggio [-faj-jo]
coffee un caffè [kaf-fay]
   a white coffee un cappucino [kap-poocheeno]
   a black coffee un caffè

> ✈ In Italy coffee is always served black and
> very strong. If you just ask for 'a coffee'
> you will get an espresso. If you want it
> with a dash of milk ask for **un macchiato**;
> if you want it black but less strong ask for
> **un caffè lungo**; if you want it decaffein-
> ated ask for **un decaffeinato** or **un hag**. A
> stronger type of espresso is called **un caffè
> ristretto**. **Un caffè corretto** is espresso

with a dash of liqueur. **Un caffelatte** is a cup of warm milk with coffee, drunk more at home than in a bar. If you ask for a **latte** you will get milk.

coin una moneta [monayta]
coke® una Coca-Cola
cold freddo
  I'm cold ho freddo [o...]
  I've got a cold ho il raffreddore [...raf-fredoray]
collapse: he's collapsed si è accasciato [see ay akashee-ahto]
collar il colletto

✈ UK:	14	14.5	15	15.5	16	16.5	17
Italy:	36	37	38	39	41	42	43

collect: I've come to collect... sono venuto/a a prendere... [...venooto/a ah prendairay]
colour il colore [koloray]
  have you any other colours? avete altri colori? [avaytay...]
comb un pettine [pet-teenay]
come venire [veneeray]
  I come from London sono di Londra [...dee...]
  when is he coming? quando viene? [kwando vee-aynay]
  we came here yesterday siamo arrivati ieri [see-ahmo ar-reevahtee yayree]
  come with me venga con me [...may]
  come here venga qui [...kwee]
  come on! andiamo! [andee-ahmo]
  oh, come on! *(disbelief)* ma dai! [ma dɪ]
comfortable comodo [komodo]
company *(business)* la ditta [deet-ta]
  you're good company sei simpatico/a [say seempateeko/a]

compartment *(in train)* uno scompartimento
compass una bussola [boos-sola]
compensation un risarcimento [reesarcheemento]
  I want compensation voglio un risarcimento
  [vol-yo...]
complain lamentarsi
  I want to complain about my room voglio
  fare un reclamo riguardo alla mia stanza [vol-
  yo faray oon ray-klahmo reegwardo al-la mee-a
  stantza]
completely completamente [kompletamentay]
complicated: it's very complicated è molto
  complicato [ay...kompleekahto]
compliment: my compliments to the chef
  i miei complimenti allo chef [ee mee-ay-ee...]
compulsory: is it compulsory? è obbligatorio?
computer un 'computer'
concert un concerto [konchairto]
concussion la commozione cerebrale [...-tzee-
  onay chairaybrahlay]
condition *(term, state)* la condizione [kondeetzee-
  onay]
  it's not in very good condition non è in
  buone condizioni [non ay een bwonay...]
condom un preservativo [prezairvateevo]
conference una conferenza [konfairentza]
confirm confermare [konfairmaray]
confuse: you're confusing me mi confonde
  [mee konfonday]
congratulations! complimenti! [-mentee]
conjunctivitis la congiuntivite [konjoonteeveetay]
conman un truffatore [-toray]
connection *(travel)* la coincidenza [ko-
  eencheedentza]
connoisseur un intenditore [-toray]
  (woman) un'intenditrice [-treechay]

conscious cosciente [koshee-entay]
consciousness: he's lost consciousness è
svenuto [ay...]
constipation la stitichezza [steeteeket-tza]
consul il/la console [konsolay]
consulate il consolato
contact: how can I contact...? come mi metto
in contatto con...? [komay mee...]
contact lenses le lenti a contatto [lentee...]
convenient comodo [komodo]
cook: it's not properly cooked non è cotto
bene [non ay kot-to baynay]
   you're a good cook cucini bene [koocheenee...]
cooker la cucina [koocheena]
cool fresco
   (great) fantastico
corkscrew un cavatappi
corner un angolo [angolo]
   can we have a corner table? possiamo avere
   un tavolo d'angolo? [...avairay oon tavolo...]
   on the corner all'angolo
   in the corner nell'angolo
cornflakes i 'corn flakes'
correct corretto
cosmetics i cosmetici [kosmayteechee]
cost: what does it cost? quanto costa?

that's too much è troppo [ay...]
I'll take it lo compro

cot il lettino [let-teeno]
cotton il cotone [kotonay]
cotton wool il cotone idrofilo [kotonay
eedrofeelo]
couchette il sedile reclinabile [sedeelay
rekleenahbeelay]
cough la tosse [tos-say]

cough sweets le pastiglie per la tosse [pasteel-yay pair la tos-say]

could: could you please...? potrebbe...? [potreb-bay]

could I have...? potrei avere...? [potray avairay]

we couldn't... non potremmo...

country il paese [pa-ayzay]

in the country(side) in campagna [een kampan-ya]

couple: a couple of... *(two)* un paio di... [pa-yo dee]

courier la guida [gweeda]

course: of course certo [chairto]

court: I'll take you to court la cito in tribunale [la cheeto een treeboonalay]

cousin: my cousin *(male)* mio cugino [koojeeno] *(female)* mia cugina

cover: keep him covered lo tenga ben coperto [...kopairto]

cover charge il coperto [kopairto]

cow la mucca [mook-ka]

crab il granchio [grankee-o]

craftshop una cartoleria [kartolairee-a]

crap: this is crap fa schifo [fa skeefo]

crash: there's been a crash c'è stato uno scontro [chay stahto...]

crash helmet un casco

crazy pazzo [pat-tzo]

you're crazy sei pazzo/a [say...]

that's crazy è roba da matti [ay roba da mat-tee]

cream *(fresh)* la panna *(for skin)* la crema [krayma]

credit card una carta di credito [...dee kraydeeto]

crisps le patatine [patateenay]

cross *(verb)* attraversare [at-travairsaray]

crossroads l'incrocio [eenkrocho]
crowded affolato [-ahto]
cruise una crociera [krochaira]
crutch *(for invalid)* una stampella
cry: don't cry non piangere [non pee-anjairay]
cup una tazza [tat-tza]
  a cup of coffee una tazza di caffè [...dee kaf-fay]
cupboard un armadio [armadee-o]
curry il curry
curtains le tende [tenday]
cushion il cuscino [koosheeno]
Customs la Dogana
cut *(verb)* tagliare [tal-yaray]
  I've cut myself mi sono tagliato/a [mee sono tal-yahto/a]
cycle: can we cycle there? ci si può andare con la bicicletta? [chee see pwo andaray kon la beecheeklet-ta]
cyclist un/una ciclista [cheekleesta]
cylinder-head gasket la guarnizione del cilindro [gwarneetzee-onay del cheeleendro]

D [dee]

dad: my dad mio papà
damage: I'll pay for the damage pago i danni [...ee dan-nee]
damaged danneggiato [dan-nej-jahto]
damn! maledizione! [malaydeetzee-onay]
damp umido [oomeedo]
dance: would you like to dance? vuoi ballare? [vwoy bal-laray]
dangerous pericoloso
dark scuro [skooro]
  when does it get dark? quando fa buio?

[...boo-yo]
dark blue blu scuro
darling tesoro [taysoro]
date: what's the date? quanti ne abbiamo?
[kwantee nay ab-bee-ahmo]
  can we make a date? *(romantic)* allora ti va di
uscire? [...dee oosheeray]

---

in 1982 nel millenovecentottantadue [meel-lay-
novay-chento-ot-tanta-doo-ay]
in 2004 nel duemilaquattro [doo-ay-meela-
kwatro]
it's the eighteenth of June è il diciotto giugno

To say the date just use the ordinary
numbers as listed on pages 159-160. The
'first' is the exception.
  on the first of March il primo marzo
[preemo martzo]

---

dates *(fruit)* i datteri [dat-tayree]
daughter: my daughter mia figlia [mee-a feel-ya]
day il giorno [jorno]
  the day after il giorno dopo
  the day before il giorno prima [...preema]
dazzle: his lights were dazzling me i suoi fari
mi abbagliavano [ee swoy-ee faree mee ab-bal-
yahvano]
dead morto
deaf sordo
deal: it's a deal affare fatto [af-faray fat-to]
  will you deal with it? se ne occupa lei? [say
nay ok-koopa lay]
dear *(expensive)* caro
  Dear Franco Caro Franco
  Dear Isabella Cara Isabella
  Dear Mr Costello Gentile Signor Costello

[jenteelay...]

December dicembre [deechembray]

deck il ponte [pontay]

deckchair una sedia a sdraio [saydee-a ah sdra-yo]

declare: I have nothing to declare non ho niente da dichiarare [non o nee-entay da deekyararay]

deep profondo

de-icer l'antighiaccio [antee-ghee-acho]

delay: the flight was delayed il volo ha avuto un ritardo [...ah avooto...]

deliberately apposta

delicate delicato [dayleekahto]

delicious delizioso [dayleetzee-ozo]

de luxe di lusso [dee loos-so]

dent una ammaccatura [-toora]

dentist il/la dentista [denteesta]

> *YOU MAY HEAR*
> qual è il dente che le fa male? *which tooth is the problem?*
> apra bene *open wide*
> si sciacqui *please rinse out*

dentures la dentiera [dent-yayra]

deny: I deny it lo nego [lo naygo]

deodorant il deodorante [day-odorantay]

departure la partenza [partentza]

departure lounge la sala d'attesa (delle partenze) [...datayza (del-lay partenzay)]

depend: it depends dipende [deependay]

  it depends on... dipende da...

deposit *(downpayment)* un acconto *(security)* una cauzione [kowtz-yonay]

  do I have to leave a deposit? devo lasciare un acconto? [dayvo lasharay...]

deposito bagagli left luggage
depressed depresso [day-]
depth la profondità [profondeetah]
desperate: I'm desperate for a drink ho una sete terribile [o oona saytay tair-reebeelay]
dessert il dolce [dolchay]

> ✈ Some typical Italian desserts are **la crostata** (tart) with various fillings (**di mele/fragole** apple/strawberry); **la panna cotta** a cream pudding served with a chocolate or fruit sauce; **il cheesecake; il tiramisù** made of sponge dipped in coffee and covered with cream and mascarpone cheese; and of course **il gelato** (ice cream) or various **semifreddi** (ice-cream cakes).

destination la destinazione [desteenatzee-onay]
detergent un detergente [daytairjentay]
detour una deviazione [dayvee-atzee-onay]
develop: could you develop these? può sviluppare questi? [pwo sveeloop-paray...]
deviazione diversion
diabetic diabetico [dee-abayteeko]
diamond un diamante [dee-amantay]
diarrhoea la diarrea [dee-ar-ray-a]
  have you got something for diarrhoea? ha qualcosa per la diarrea? [ah kwalkoza pair...]

> ✈ Usually caused by cold drinks or change of diet; drink tea or fresh lemon juice; eat only boiled rice, ham, apples, no fats.

diary l'agenda
dictionary un dizionario [deetzee-onaree-o]
didn't go to **not**
die morire [moreeray]
diesel il diesel

diet una dieta [dee-ayta]
  I'm on a diet sono a dieta
different: they are different sono diversi/e
  [...deevairsee/ay]
  can I have a different room? posso avere
  un'altra camera? [...avairay...]
difficult difficile [deef-feecheelay]
dinghy un dinghy
  (rubber) un canotto
dining room la sala da pranzo [...prantzo]
dinner *(evening)* la cena [chayna]

> ✈ Italians eat dinner at around 8.00-8.30.
>   In restaurants normally from around 8.00
>   till 10.00, later on Saturdays or in touristy
>   places.

dinner jacket uno smoking
direct *(adjective)* diretto [deeret-to]
  does it go direct? ci va diretto? [chee...]
dirty sporco
disabled invalido [eenvaleedo]
disappear sparire [spareeray]
  it's just disappeared è sparito [ay...]
disappointing deludente [dayloodentay]
disco una discoteca [-tayka]
discount uno sconto
disgusting disgustoso [deesgoostozo]
dish un piatto [pee-at-to]
dishonest disonesto
disinfectant un disinfettante [-tantay]
disposable camera una macchina fotografica
  usa e getta [mak-keena...ooza ay jet-ta]
distance la distanza
  in the distance in lontananza [een lontanantza]
distress signal un segnale di soccorso [sayn-yalay
  dee...]

disturb: the noise is disturbing us il rumore ci
disturba [eel roomoray chee deestoorba]
divieto di... do not...
divieto di balneazione no swimming
diving board il trampolino
divorced divorziato [deevortzee-ahto]
do fare [faray]
  what are you doing tonight? cosa fa/fai
  stasera? *(polite/familiar)* [koza fa/fa-ee...]
  how do you do it? come fa? [komay fa]
  will you do it for me? lo può fare lei? [lo pwo
  faray lay]
  I've never done it before non l'ho mai fatto
  prima [non lo ma-ee fat-to preema]
  he did it *(it was him)* l'ha fatto lui [...loo-ee]
  I was doing 60 (kph) andavo a sessanta all'ora
  [andahvo...]
  how do you do? piacere! [pee-achairay]
doctor il medico [maydeeko]
  I need a doctor ho bisogno di un medico [o
  beezon-yo dee...]

> ✈ You can get a list of the nearest doctors
> from a chemist (**farmacia**) or from an
> **ASL** or **Azienda Sanitaria Locale**. You will
> need to show your E111, a form which
> you can get from any UK post office
> before departure. You may not find it pos-
> sible to claim back all your costs and you
> will have to pay up front.

YOU MAY HEAR
le è mai successo prima? *have you had this*
  before?
dove le fa male? *where does it hurt?*
sta prendendo delle medicine? *are you*

> *taking any medication?*
> ne prenda una/due... *take one/two...*
> una volta/due volte/tre volte al giorno
> *once/twice/three times a day*

document il documento
dog il cane [kahnay]
Dogana Customs
donne ladies
don't! no!
  go to **not**
door la porta
  (of car) lo sportello
dosage la dose [dozay]
double room una camera a due letti [kamaira ah
  doo-ay let-tee]
  (with double bed) una camera matrimoniale
  [...-ee-ahlay]
double whisky un doppio whisky [dop-pee-o...]
down giù [joo]
  down there laggiù [lajoo]
  get down! giù!
  it's just down the road è qui vicino [ay kwee
  veecheeno]
downstairs al piano di sotto
drain il tubo di scarico [toobo dee skareeko]
drawing pin una puntina da disegno [poonteena
  da deezayn-yo]
dress un vestito [vesteeto]

✈ UK:	8	10	12	14	16	18	20
Italy:	36	38	40	42	44	46	48

dressing *(for cut)* la fasciatura [fashee-a-toora]
  (for salad) il condimento
drink *(verb)* bere [bairay]
  (alcoholic) un alcolico

something to drink qualcosa da bere
would you like a drink? vuole bere qualcosa?
[vwolay bairay...]
    I don't drink non bevo alcolici [non bayvo
alkoleechee]
drinkable: is the water drinkable? l'acqua è
potabile? [...ay potahbeelay]
drive guidare [gweedaray]
    I've been driving all day è tutto il giorno che
guido [ay tooto eel jorno kay...]
driver l'autista [owteesta]
driving licence la patente [patentay]

✈ There is now the **patente a punti**, where
points are subtracted for traffic offences.
There is a special register of offences com-
mitted by foreign drivers.

---

drown: he's drowning sta annegando
drug il farmaco
    (narcotic etc) la droga
drug dealer uno spacciatore [spacha-toray]
    (woman) una spacciatrice [spacha-treechay]
drunk *(adjective)* ubriaco [oobree-ahko]
dry *(adjective)* asciutto [ashoot-to]
    (wine) secco
dry-clean lavare a secco [lavaray...]
dry-cleaner's un lavasecco
due: when is the bus due? quando arriva
l'autobus? [...lowtoboos]
duomo cathedral
during durante [doorantay]
dust la polvere [polvairay]
duty-free shop il 'duty-free'
DVD un DVD [day-voo-day]

E [ay]

each: can we have one each? possiamo averne uno ciascuno? [...avairnay oono chaskoono]
  how much are they each? quanto costano l'uno?

ear l'orecchio [or-rek-yo]
  I've got earache ho il mal d'orecchi [o...dorek-kee]

early presto
  we want to leave a day earlier vogliamo partire un giorno prima [vol-yahmo parteeray oon jorno preema]
  we are early siamo in anticipo [see-ahmo een anteecheepo]

earring l'orecchino [orek-keeno]

east est

Easter Pasqua [paskwa]

Easter Monday Pasquetta [-ketta]

easy facile [facheelay]

eat mangiare [manjaray]
  something to eat qualcosa da mangiare [kwalkoza...]

egg un uovo [wovo]

either: either...or... o...o...
  I don't like either non mi piace nessuno dei due/nessuna delle due [non mee pee-achay nessoono day doo-ay...]

elastic elastico [aylasteeko]

elastic band un elastico [aylasteeko]

elbow il gomito [gomeeto]

electric elettrico [aylet-treeko]

electric fire la stufetta elettrica [stoofet-ta aylet-treeka]

electrician l'elettricista [aylet-treecheesta]

electricity l'elettricità [aylet-treecheetah]

> ✈ Voltage in Italy is 220, as in the UK. But
> you will need a plug adaptor for your own
> stuff. Italian plugs have two round pins.

elegant elegante [-gantay]
else: something else qualcos'altro [kwalkozaltro]
  somewhere else da qualche altra parte [da
  kwalkay altra partay]
  who else? chi altro? [kee...]
  or else altrimenti
email una mail
  why don't you email me? perché non mi
  mandi una mail? [pairkay...]
email address l'indirizzo email [eendeereet-tzo...]
  what's your email address? qual è il suo
  indirizzo email? [kwal ay...]

> *YOU MAY THEN HEAR*
> **il mio indirizzo email è...**
>   **chiocciola...punto...** [...kee-ochola...]
>   *my email address is...*
>   *at...dot...*

embarrassed imbarazzato [eembarat-tzahto]
embarrassing imbarazzante [eembarat-tzantay]
embassy l'ambasciata [ambashahta]
emergency una emergenza [aymairjentza]

> ✈ Dial 113 for **il soccorso pubblico di emer-**
> **genza** – for any kind of emergency. Other
> emergency numbers will be given in all
> phoneboxes.
>   **118**   ambulance
>   **112**   Carabinieri (police)
>   **115**   fire brigade
>   **1530**   for rescue at sea

hurry, it's an emergency fate presto, è un'emergenza [fah-tay...]

empty vuoto [vwoto]

end la fine [feenay]

when does it end? quando finisce? [...feeneeshay]

engaged *(telephone, toilet)* occupato *(person)* fidanzato [feedantzahto]

engagement ring l'anello di fidanzamento [...dee feedantzamento]

engine il motore [motoray]

engine trouble un guasto al motore [gwasto al motoray]

England l'Inghilterra [eengheeltair-ra]

English inglese [eenglayzay]

the English gli inglesi [lee...]

Englishman un inglese [eenglayzay]

Englishwoman un'inglese [eenglayzay]

ENIT Italian national tourist organization

enjoy: I enjoyed it very much mi è piaciuto molto [mee ay pee-achooto molto]

enjoy yourself divertiti [deevairtee-tee]

enlargement *(photo)* un ingrandimento

enormous enorme [aynormay]

enough abbastanza [ab-bastantza]

that's not big enough non è grande abbastanza [non ay granday...]

I don't have enough money non ho abbastanza soldi [non o...]

thank you, that's enough basta, grazie [...gratzee-ay]

ensuite: is it ensuite? c'è il bagno in camera? [chay eel ban-yo een kamaira]

entertainment il divertimento [deevairteemento]

entrance l'entrata

entrata entrance

envelope una busta [boosta]
error un errore [air-roray]
esaurito sold out
escalator la scala mobile [...mobeelay]
especially specialmente [spaychalmentay]
essential essenziale [es-sentzee-ahlay]
estero overseas
e-ticket un biglietto Internet [beel-yet-to eentairnet]
euro un euro [ay-ooro]
Europe l'Europa [ay-ooropa]
even: even the English perfino gli inglesi [pairfeeno lee eenglayzee]
evening la sera [saira]
  in the evening la sera
  this evening stasera [stasaira]
  good evening buona sera [bwona...]
evening dress *(man's)* l'abito scuro [abeeto skooro]
  (for woman) l'abito da sera [...saira]
ever: have you ever been to...? è mai stato/a a...? [ay ma-ee stahto/a...]
every ogni [on-yee]
  every day ogni giorno [...jorno]
everyone tutti [toot-tee]
everything tutto
everywhere dappertutto [dap-pairtoot-to]
exact esatto
example un esempio [aysempee-o]
  for example per esempio
excellent eccellente [aychayl-lentay]
except: except me eccetto me [aychet-to may]
excess baggage il bagaglio eccedente [bagal-yo aychaydentay]
exchange rate il tasso di cambio
excursion una gita [jeeta]

excuse me *(to get past etc)* permesso [pairm**e**s-so]
   (to get attention) scusi [sk**oo**zee]
   (apology) mi scusi [mee...]

> ✈ To get someone's attention you can also
> say **signore** [seen-y**o**ray] to a man, **signora**
> [seen-y**o**ra] to a woman or **signorina** [seen-
> yor**ee**na] to a younger woman.

exhaust *(of car)* il tubo di scappamento [t**oo**bo...]
exhausted sfinito [sfeen**ee**to]
exhibition una mostra
exit l'uscita [oosh**ee**ta]
expect: she's expecting è incinta [ay eench**ee**nta]
expenses: it's on expenses è a spese della ditta
   [ay ah sp**ay**zay d**e**l-la d**ee**ta]
expensive cost**o**so
expert un esperto
   (woman) un'esperta
explain spiegare [spee-ayg**a**ray]
   would you explain that slowly? può spiegarlo
   lentamente? [pwo spee-ayg**a**rlo lentam**e**ntay]
extension cable una prolunga [prol**oo**nga]
extra: an extra day un giorno in più [...een pew]
   is that extra? è extra? [ay...]
extremely estremamente [-m**e**ntay]
eye l'occhio [**o**k-yo]
eyebrow il sopracciglio [soprach**ee**l-yo]
eyebrow pencil una matita per le sopracciglia
   [mat**ee**ta pair lay sopra-ch**ee**l-ya]
eyeliner un 'eye-liner'
eye shadow l'ombretto
eye witness un/una testimone oculare
   [testeem**o**nay ok**oo**la**ra**y]

F [ef-fay]

F, freddo *(on tap)* cold
face la faccia [facha]
face mask *(for diving)* la maschera [maskaira]
fact il fatto
factory la fabbrica [fab-breeka]
Fahrenheit Fahrenheit

✈ F - 32 x 5/9 = C							
Fahrenheit	23	32	50	59	70	86	98.4
centigrade	-5	0	10	15	21	30	36.9

faint: she's fainted è svenuta [ay...]
fair *(fun-, trade)* una fiera [fee-aira]
  that's not fair non è giusto [non ay joosto]
fake un falso
fall: he's fallen è caduto
false falso
false teeth la dentiera [dentee-aira]
family la famiglia [fameel-ya]
fan *(cooling)* un ventilatore [venteelatoray]
  (hand-held) un ventaglio [vental-yo]
  (supporter) un tifoso [teefoso]
  (female) una tifosa
fan belt la cinghia [cheenghee-a]
far lontano
  is it far? è lontano? [ay...]
  how far is it? quanto dista? [...deestah]
fare *(travel)* il (prezzo del) biglietto [(pret-tzo del)
  beel-yet-to]
farm la fattoria [fat-toree-a]
farther più lontano [pew...]
fashion la moda
fast *(adjective)* veloce [vaylochay]
  don't speak so fast non parli così in fretta

[...kosee...]

fat grasso

father: my father mio padre [mee-o padray]

fathom un braccio [bracho]

fault *(defect)* un difetto

  it's not my fault non è colpa mia [...mee-a]

faulty difettoso

favourite *(adjective)* preferito [prefaireeto]

fax un fax

  can you fax this for me? potrebbe faxarmi
  questo? [potreb-bay...]

February febbraio [feb-brɪ-o]

fed-up: I'm fed-up sono stufo/a [...stoofo/a]

feel: I feel like... *(I want)* ho voglia di... [o vol-ya
  dee...]

felt-tip un pennarello

fermata a richiesta request stop

fermata soppressa bus stop not in use

ferry il traghetto [traghet-to]

fetch: will you come and fetch me? mi viene a
  prendere? [mee vee-aynay ah prendairay]

fever la febbre [feb-bray]

few: only a few solo pochi/poche [...pokee/
  pokay]

  a few days pochi giorni [...jornee]

fiancé il fidanzato [feedantzahto]

fiancée la fidanzata [feedantzahta]

fiddle: it's a fiddle è un imbroglio [ay oon
  eembrol-yo]

field un campo

fifty-fifty metà per uno [maytah pair...]

figs i fichi [feekee]

figure *(number)* una cifra [cheefra]

  (of person) il fisico

fill: fill her up mi faccia il pieno [mee facha eel
  pee-ayno]

to fill in a form riempire un modulo [ree-empeeray oon modoolo]

fillet il filetto

filling *(in tooth)* un'otturazione [ot-tooratzee-onay]

film *(for camera)* una pellicola [pel-leekola]
(at cinema) un film [feelm]
  do you have this type of film? avete questo tipo di pellicola? [avaytay kwesto teepo dee...]

filter un filtro

find trovare [trovaray]
  if you find it se lo/la trova [say...]
  I've found a... ho trovato un/una... [o...]

fine *(weather)* bello
  ok, that's fine va bene [...baynay]
  a 100 euro fine una multa di cento euro [moolta dee chento ay-ooro]

finger il dito [deeto]

fingernail l'unghia [oonghee-a]

finish: I haven't finished non ho finito [non o feeneeto]
  when does it finish? quando finisce? [...feeneeshay]

fire il fuoco [fwoko]
(house on fire etc) l'incendio [eenchendee-o]
  fire! al fuoco!
  can we light a fire here? possiamo accendere un fuoco qui? [...achendairay oon fwoko kwee]
  it's not firing *(car)* non si accende [non see achenday]

fire brigade i vigili del fuoco [veejeelee del fwoko]

✈ In the event of a fire phone 115.

fire extinguisher un estintore [esteentoray]

first primo [preemo]
  I was first c'ero prima io [chayro preema ee-o]

first aid il pronto soccorso
first aid kit la cassetta di pronto soccorso
[...dee...]
first class *(travel)* in prima classe [een preema
klas-say]
first name il nome di battesimo [nomay dee bat-
tayzeemo]
fish il pesce [payshay]
fishing la pesca
fit *(healthy)* in forma
  it doesn't fit me non mi sta
fix: can you fix it? *(repair)* può ripararlo/la? [pwo
reepararlo/la]
fizzy gassato
flag la bandiera [bandee-ayra]
flash *(photography)* un flash
flat *(adjective)* piatto [pee-at-to]
  (apartment) un appartamento
  I've got a flat (tyre) ho una gomma a terra
  [o...]
flavour il sapore [saporay]
flea una pulce [poolchay]
flies *(on trousers)* la cerniera [chairnee-ayra]
flight il volo
flight number il numero del volo [noomayro...]
flippers le pinne [peen-nay]
flirt *(verb)* flirtare [fleertaray]
float *(verb)* galleggiare [gal-lej-jaray]
floor il pavimento
  on the second floor al secondo piano [...pee-
  ahno]
flower un fiore [fee-oray]
flu l'influenza [eenfloo-entza]
fly *(insect)* una mosca
  (verb: go by plane) andare in aereo [andaray een
  ah-ayray-o]

foggy nebbioso

follow seguire [segweeray]

food il cibo [cheebo]

I need to buy some food devo comprare qualcosa da mangiare [dayvo kcompraray kwalkoza da manjaray]

we'd like to eat Italian-style food ci piacerebbe mangiare cucina italiana [chee pee-achereb-bay...koocheena...]

food poisoning l'intossicazione alimentare [-kattsee-onay aleementaray]

fool uno sciocco [shok-ko]

(female) una sciocca

foot il piede [pee-ayday]

✈ 1 foot = 30.5 cm = 0.3 metres

football *(game)* il calcio [kalcho]

(ball) un pallone da calcio [pal-lonay...]

for per [pair]

that's for me è per me

forbidden vietato [vee-aytahto]

foreign straniero [stran-yayro]

foreign currency la valuta estera [valoota estayra]

foreigner uno straniero [stran-yayro]

(woman) una straniera

forest la foresta

forget dimenticare [deementeekaray]

I forget non mi ricordo

I've forgotten non mi ricordo

don't forget non dimenticare

fork *(to eat with)* una forchetta [forket-ta]

form *(document)* un modulo [modoolo]

formal formale [formahlay]

fortnight due settimane [doo-ay set-teemahnay]

forward *(move etc)* avanti

could you forward my mail? può inoltrare la

mia posta? [pwo eenoltraray la mee-a posta]

forwarding address il nuovo recapito [nwovo rekapeeto]

foundation cream un fondotinta

fountain una fontana

four-wheel drive una quattro per quattro

fracture una frattura [frat-toora]

fragile fragile [frajeelay]

France la Francia [francha]

fraud una truffa

freddo cold

free libero [leebayro]
  (no charge) gratis
  admission free ingresso libero

freight le merci [mairchee]

French francese [franchayzay]

fresh fresco

freshen up: I'd like to freshen up vorrei darmi una rinfrescata [vor-ray darmee...]

Friday venerdì [vaynairdee]

fridge il frigo [freego]

fried egg un uovo fritto [wovo...]

friend un amico [ameeko]
  (female)) un'amica

friendly cordiale [kordee-ahlay]

fries le patatine fritte [patateenay freet-tay]

from da
  where is it from? da dove viene? [da dovay vee-aynay]

> The word **da**, when used with the words for 'the' **il/lo/la**, becomes **dal/dallo/dalla**. With the plural forms for 'the' **i/gli/le** it becomes **dai/dagli/dalle**.
>   **from the centre** dal centro

---

front: in front of you davanti a lei [...lay]

at the front davanti
frost il gelo [jaylo]
fruit la frutta
fruit salad una macedonia [machaydon-ya]
fry friggere [freejairay]
  nothing fried niente di fritto [nee-entay dee freet-to]
frying pan una padella
full pieno [pee-ayno]
fumatori smoking
fun: it's fun è divertente [ay deevairtentay]
  have fun! buon divertimento! [bwon...]
funny *(strange)* strano [strahno]
  (comical) buffo [boof-fo]
fuori servizio not in service; out of order
furniture i mobili [mobeelee]
further più lontano [pew...]
fuse un fusibile [foozeebeelay]
future il futuro [footooro]
  in the future in futuro

G [jee]

gabinetti toilets
gale una bufera [boofayra]
galleria tunnel; circle
gallon un gallone [-onay]

  ✈ 1 gallon = 4.55 litres

gallstone un calcolo [kalkolo]
gamble giocare d'azzardo [jokaray dat-tzardo]
garage *(for repairs)* il meccanico
  (for petrol) il benzinaio [benzeena-yo]
  (for parking) il garage [garaj]

✈ Italian garages tend to close between 1.00 and 3.00pm.

garden il giardino [jardeeno]
garlic l'aglio [al-yo]
gas il gas
  (petrol) la benzina [bentzeena]
gas cylinder la bombola del gas [bombola...]
gasket la guarnizione [gwarneetzee-onay]
gay 'gay'
gear *(in car)* la marcia [marcha]
  (equipment) l'attrezzatura [at-tret-tzatoora]
  I can't get it into gear non riesco ad innestare la marcia [non ree-aysko ad een-nestaray...]
gents la toilette (per uomini) [twalet (pair womeenee)]
German tedesco
Germany la Germania [jairman-ya]
gesture un gesto [jesto]
get: will you get me a...? mi può prendere un/una...? [mee pwo prendairay oon/oona...]
  how do I get to...? come faccio per andare a...? [komay facho pair andaray ah]
  where do I get a bus for...? dove posso prendere un autobus per...?
  when can I get it back? *(passport etc)* quando me lo riconsegna? [...may lo reekon-sayn-ya]
  when do we get back? quando torniamo?
  where do I get off? dove scendo? [dovay shendo]
  have you got...? ha/hai...? *(polite/familiar)* [ah/I]
gin un gin
gin and tonic un gin tonic
girl una ragazza [ragat-tza]
girlfriend la ragazza [ragat-tza]
give dare [daray]

will you give me...? mi dà...? [mee...]

  I gave it to him gliel'ho dato [lee-aylo...]

glad contento

glass il vetro

  (drinking) un bicchiere [beek-yayray]

  a glass of water un bicchiere d'acqua

glasses gli occhiali [ok-yahlee]

glue la colla

go andare [andaray]

  when does the bus go? quando parte l'autobus? [kwando partay lowtoboos]

  the bus has gone l'autobus è partito [...ay parteeto]

  he's gone è andato via [ay...vee-a]

  where are you going? dove vai? [dovay va-ee]

  let's go andiamo [andee-ahmo]

  go on! dai! [dɪ]

  can I have a go? posso provare? [...provaray]

Here is the present tense of the Italian verb 'to go'.

I go vado [vahdo]
you go *(familiar)* vai [vɪ]
you go *(polite)* va
he/she/it goes va
we go andiamo [andee-ahmo]
you go *(plural)* andate [andahtay]
they go vanno

---

goal un goal

God il dio [dee-o]

goddess la dea [day-a]

goggles *(for skiing)* gli occhiali da neve [ok-yahlee da nayvay]

gold l'oro

golf il golf

good buono [bwono]
  good! bene! [baynay]
goodbye arrivederci [ar-reevedairchee]
got: have you got...? ha/hai...? *(polite/familiar)*
  [ah/ı]
gram un grammo
granddaughter la nipote [neepotay]
grandfather il nonno
grandmother la nonna
grandson il nipote [neepotay]
grapefruit un pompelmo
grapefruit juice il succo di pompelmo [sook-ko
  dee...]
grapes l'uva [oova]
grass l'erba [airba]
grateful: I'm very grateful to you le sono molto
  grato/a [lay...grahto/a]
gravy il sugo [soogo]
grease il grasso
  (for machinery) il lubrificante [loobreefeekantay]
greasy unto [oonto]
great grande [granday]
  (very good) bellissimo
  great! benissimo!
Greece la Grecia [grecha]
greedy ingordo [eengordo]
  (for food) goloso
green verde [vairday]
grey grigio [greejo]
grocer's una drogheria [drogairee-a]
ground il suolo [swolo]
  on the ground per terra
  on the ground floor a pian terreno [ah pee-an
  tair-rayno]
group un gruppo [groop-po]
  our group leader il nostro/la nostra

capogruppo
I'm with the English group sono con il gruppo degli inglesi [...del-yee eenglayzee]
guarantee: is there a guarantee? ha la garanzia? [ah la garantzee-a]
guasto out of order
guest un/un'ospite [ospeetay]
   (in hotel) un/una cliente [klee-entay]
guesthouse una pensione [paynsee-onay]
guide una guida [gweeda]
guidebook una guida [gweeda]
guided tour una visita guidata [...gweedahta]
guilty colpevole [kolpayvolay]
guitar una chitarra [keetar-ra]
gum *(in mouth)* la gengiva [jenjeeva]
gun *(pistol)* una pistola [peestola]

H [ak-ka]

hair i capelli
hairbrush una spazzolla per capelli [spat-tzola...]
haircut: where can I get a haircut? dove posso farmi tagliare i capelli? [dovay pos-so farmee tal-yaray...]
hairdresser's: is there a hairdresser's here? c'è un parrucchiere qui? [chay oon par-rook-yairay kwee]
hair grip una molletta
half la metà [maytah]
   a half portion una mezza porzione [met-tza portzee-onay]
   half an hour una mezz'ora
   go to time
ham il prosciutto [proshooto]
hamburger un 'hamburger'
hammer un martello

hand la mano [mahno]
handbag una borsa
hand baggage il bagaglio a mano [bagal-yo ah mahno]
handbrake il freno a mano [frayno ah mahno]
handkerchief il fazzoletto [fat-tzolet-to]
handle la maniglia [maneel-ya]
  (of cup, suitcase) il manico [maneeko]
handmade lavorato a mano [-ahto ah mahno]
handsome bello
hanger la gruccia [groocha]
hangover un mal di testa (dopo una sbornia)
happen succedere [soochay-dairay]
  I don't know how it happened non so come è successo [...komay ay sooches-so]
  what's happening? cosa succede? [...soochayday...]
  what's happened? cosa è successo?
happy contento
harbour il porto
hard duro [dooro]
  (difficult) difficile [deef-feecheelay]
hard-boiled egg un uovo sodo [wovo...]
harm il male [mahlay]
hat un cappello
hate: I hate... odio... [odee-o]
have avere [avairay]
  can I have...? posso avere...?
  can I have some water? posso avere dell'acqua?
  I have no... non ho... [non o]
  do you have any cigars/a map? ha dei sigari/una pianta? [ah day...]
  I have to leave tomorrow devo partire domani [dayvo parteeray domahnee]

Here is the present tense of the Italian
verb for 'to have'.

I have ho [o]
you have *(familiar)* hai [ɪ]
you have *(polite)* ha [ah]
he/she/it has ha
we have abbiamo [ab-bee-ahmo]
you have *(plural)* avete [avaytay]
they have hanno [an-no]

hay fever la febbre da fieno [feb-bray da fee-ayno]
he lui [loo-ee]

If there is no special emphasis Italian
doesn't use the word **lui**.
   where does he live? dove abita? [dovay
   ahbeeta]

head la testa
headache un mal di testa
headlights i fari [faree]

✈ Flashing your headlights means 'stop' or
'get out of my way' and NOT 'after you,
chum' as in the UK.

head waiter il capocameriere [kapokamair-yayray]
head wind un vento di prua [...dee proo-a]
health la salute [salootay]
   your health! alla salute!
hear: I can't hear non sento
hearing aid un apparecchio acustico [ap-parek-
   yo akoosteeko]
heart il cuore [kworay]
heart attack un infarto
heat il calore [kaloray]
heating il riscaldamento

heat stroke un colpo di calore [...dee kal*o*ray]
heavy pesante [pez*a*ntay]
heel il calcagno [kalk*a*n-yo]
  (of shoe) il tacco
  could you put new heels on these? può rifarci
  i tacchi? [pwo reef*a*rchee ee t*a*k-kee...]
height l'altezza [alt*e*t-tza]
hello ciao [chow]
  (on phone) pronto

Ciao can mean both hello and goodbye.

help l'aiuto [a-y*oo*to]
  can you help me? mi può aiutare? [mee pwo
  a-yoot*a*ray]
  help! aiuto!
her¹ lei [lay]
  I know her la conosco
  will you give it to her? vuole darglielo?
  [vw*o*lay d*a*rlee-aylo]
  with her con lei
  who? – her chi? – lei
her² *(possessive)* il suo/la sua
  (plural) i suoi/le sue [ee s*oo*-oy/lay s*oo*-ay]

You use **il suo** or **la sua** etc depending on whether the word following takes **il** or **la**. **Il suo** etc can also mean 'his' or 'your'. If there is ambiguity you can specify by using a person's name or **della signora**. **but which is her bag?** ma qual è la borsa della signora/di Giorgia?

here qui [kwee]
  come here vieni qui [vee-*ay*nee...]
hers: it's hers è suo/sua [ay...]
hi! ciao! [chow]
high alto

higher up più in su [pew een soo]
high chair un seggiolone [sej-jolonay]
hill la collina [kol-leena]
  (on road) un pendio
  up the hill in salita [een saleeta]
  down the hill in discesa [een deeshayza]
him lui [loo-ee]
  I know him lo conosco
  will you give it to him? vuole darglielo?
  [vwolay darlee-aylo]
  with him con lui
  who? – him chi? – lui
hire *go to* **rent**
his il suo/la sua
  (plural) i suoi/le sue [ee soo-oy/lay soo-ay]
  it's his è il suo/la sua [ay...]

> You use **il suo** or **la sua** etc depending on
> whether the word following takes **il** or **la**.
> **Il suo** etc can also mean 'her' or 'your'.
> If there is ambiguity you can specify by
> using a person's name or **del signore**.
>   **but which is his bag?** ma qual è la
>   borsa del signore/di Giorgio?

hit: he hit me mi ha colpito [mee ah kolpeeto]
hitch-hike fare l'autostop [faray lowtostop]
hitch-hiker un/un'autostoppista [owtostop-peesta]
hitch-hiking l'autostop [owtostop]
hold *(verb)* tenere [taynairay]
hole un buco [booko]
holiday la vacanza [vakantza]
  (single day) un giorno di ferie [jorno dee fairee-ay]
  I'm on holiday sono in vacanza
Holland l'Olanda
home la casa [kahza]
  at home a casa

(back in Britain) da noi [da noy]
I want to go home voglio andare a casa [vol-yo andaray...]
homesick: I'm homesick ho nostalgia di casa
[o nostaljee-a dee kahza]
honest onesto
honestly? davvero? [dav-vayro]
honey il miele [mee-aylay]
honeymoon la luna di miele [loona dee mee-aylay]
hope la speranza [spayrantza]
  I hope that... spero che... [spayro kay]
  I hope so spero di sì [...dee see]
  I hope not spero di no
horn *(of car)* il clacson
horrible orribile [or-reebeelay]
horse il cavallo
hospital l'ospedale [ospaydahlay]

> ✈ Get form E111 from a post office before
> you go. This will entitle you to some
> reduction in the cost of hospital treat-
> ment. Don't expect it to be free.

host il padrone di casa [padronay...]
hostess la padrona di casa
hot caldo
  (spiced) piccante [peek-kantay]
  I'm so hot! ho un caldo da morire! [o oon
  kaldo da moreeray]
  it's so hot today! fa talmente caldo oggi! [fa
  talmentay...oj-jee]
hotel l'albergo [albairgo], l'hotel
  at my hotel nel mio albergo

> ✈ If you are looking for a cheaper alternative
> you could try **una pensione**, more like a
> guesthouse than a hotel.

hour l'ora
house la casa [kahza]
how come [komay]
  how many? quanti/e? [kwantee/ay]
  how much? quanto/a? [kwanto/a]
  how much is it? quanto costa?
  how long does it take? quanto ci impiega?
  [...chee eempee-ayga]
  how long have you been here? da quanto è
  qui? [...ay kwee]
  how are you? come sta? [komay sta]

> *YOU MAY THEN HEAR*
> bene grazie *fine thanks*
> così così *so-so*

hull lo scafo
humid umido [oomeedo]
hungry: I'm hungry ho fame [o fahmay]
  I'm not hungry non ho fame
hurry: I'm in a hurry ho fretta [o...]
  please hurry! per favore faccia presto! [pair
  favoray facha presto]
hurt: it hurts fa male [fa mahlay]
  my leg hurts mi fa male la gamba [mee...]
husband il marito [mareeto]

I [ee]

I io [ee-o]

> If there is no special emphasis Italian
> doesn't use the word io.
>   **I leave tomorrow** parto domani

ice il ghiaccio [ghee-acho]
  with lots of ice con molto ghiaccio
ice-axe la piccozza [peek-kot-tza]

ice cream il gelato [jelahto]
iced coffee un caffè freddo [kaf-fay...]
identity papers i documenti di identità [...dee eedenteetah]
idiot un/un'idiota [eedee-ota]
if se [say]
ignition *(of car)* l'accensione [achensee-onay]
ill malato
  I feel ill mi sento male [mee sento mahlay]
illegal illegale [eel-laygahlay]
illegible illeggibile [eel-lej-jeebeelay]
illness una malattia [malat-tee-a]
immediately immediatamente [-mentay]
important importante [-tantay]
  it's very important è molto importante
impossible impossibile [eemposeebeelay]
impressive imponente [-nentay]
improve migliorare [meel-yoraray]
  I want to improve my Italian voglio migliorare il mio italiano [vol-yo...mee-o...]
in in [een]
  in London a Londra
  in England in Inghilterra
  is Matteo in? c'è Matteo? [chay...]

> The word **in**, when used with the words for 'the' **il/lo/la** becomes **nel/nello/nella**. With the plural forms for 'the' **i/gli/le** it becomes **nei/negli/nelle**.
>   **in the middle** nel mezzo
>   **in her room** nella sua camera
>   **in 2004** nel 2004
>   **in the States** negli Stati Uniti

inch un pollice [pol-leechay]

✈ 1 inch = 2.54 cm

include includere [eenkloodairay]
  does that include breakfast? è compresa
  la prima colazione? [ay komprayza la preema
  kolatzee-onay]
incompetent incompetente [-tentay]
inconsiderate sconsiderato
incredible incredibile [-deebeelay]
incrocio crossroads
indecent indecente [eendaychentay]
independent indipendente [-dentay]
India l'India [eendee-a]
indicate: he turned without indicating ha
  voltato senza mettere la freccia [ah...sentza met-
  tairay la fraycha]
indicator *(on car)* la freccia [fraycha]
indigestion: I have indigestion non ho digerito
  [non o deejaireeto]
indoors al coperto [kopairto]
infection l'infezione [eenfetzee-onay]
infectious contagioso [kontajozo]
information l'informazione [-atzee-onay]
  **do you have any information in English
  about...?** ha delle informazioni in inglese su...?
  [ah del-lay eenformatzee-onee een eenglayzay soo]
  is there an information office? c'è un ufficio
  informazioni? [chay oon oof-feecho...]
ingresso entrance
ingresso gratuito/libero admission free
injection l'iniezione [een-yetzee-onay]
injured ferito [fayreeto]
injury una lesione [layzee-onay]
innocent innocente [een-nochentay]
insect un insetto
insect repellent un insettifugo [eenset-teefoogo]
inside dentro
insist: I insist insisto [eenseesto]

insomnia l'insonnia

instant coffee un caffè solubile [kaf-fay soloobeelay]

instead invece [eenvaychay]

   instead of... invece di... [...dee]

insulating tape un nastro isolante [...eezolantay]

insult un insulto [eensoolto]

insurance l'assicurazione [as-seekooratzee-onay]

insurance company la compagnia di assicurazione [kompan-yee-a dee as-seekooratzee-onay]

intelligent intelligente [-jentay]

interesting interessante [-antay]

international internazionale [eentairnatzee-onahlay]

Internet Internet [eentairnet]

Internet café un caffè Internet [kaf-fay eentairnet]

interpret interpretare [-taray]

   would you interpret for us? può farci da interprete? [pwo farchee da eentairpraytay]

interpreter un/una interprete [eentairpraytay]

into in [een]

   I'm not into that *(don't like)* non è il mio genere [...jenairay]

introduce: can I introduce...? posso presentarle...? [...prayzentarlay]

invalid un/una disabile [deesahbeelay]

invitation un invito [eenveeto]

   thanks for the invitation grazie dell'invito [gratzee-ay...]

> ✈ If invited to an Italian house for a meal it is customary to take a cake, chocolates or some ice cream, rather than wine. If you do take wine it should be a few vintage bottles.

invite: can I invite you out? vuoi uscire con me?
[vwoy oosheeray kon may]
Ireland l'Irlanda [eerlanda]
Irish irlandese [eerlandayzay]
iron *(for clothes)* un ferro da stiro [...steero]
  will you iron these for me? mi può stirare
  questi? [mee pwo steeraray kwestee]
is *go to* **be**
island l'isola [eezola]
it: I'll take it lo/la prendo
  give it to me dammelo/dammela [dam-may-
  lo/a]

> Use **lo** to replace nouns with **il/un** and **la**
> for nouns with **la/una**.
> As the subject of a sentence Italian has no
> translation for 'it'.
>   **is it?** è...? [ay]
>   **it's him** è lui
>   **it's not working** non funziona [non
>   foontzee-ona]

Italian italiano [eetalee-ahno]
  (man) un italiano
  (woman) un'italiana
  the Italians gli italiani [lee eetalee-ahnee]
  I don't speak Italian non parlo italiano
Italy l'Italia [eetal-ya]
itch: it itches mi dà prurito [mee...]
itemize: would you itemize it for me? mi fa
  l'elenco dettagliato? [...dayt-tal-yahto]
IVA compresa VAT included

J [ee loonga]

jack *(for car)* il cric
jacket una giacca [jak-ka]

jam la marmellata
  traffic jam un ingorgo
January gennaio [jen-nay-o]
jaw la mascella [mashel-la]
jealous geloso [jaylozo]
jeans i jeans
jellyfish una medusa [maydooza]
jetty il molo
jewellery i gioielli [jo-yel-lee]
job un lavoro
  just the job va proprio a pennello
joke uno scherzo [skairtzo]
  (with words) una battuta
  you must be joking! sta scherzando!
journey il viaggio [vee-aj-jo]
  have a good journey! buon viaggio! [bwon...]
July luglio [lool-yo]
junction un incrocio [eenkrocho]
  (on motorway) un raccordo
June giugno [joon-yo]
junk la robaccia [robacha]
  (food) le porcherie [porkairee-ay]
just *(only)* solo
  (exactly) proprio
  just two solo due [...doo-ay]
  just a little solo un po'
  not just now non adesso
  he was here just now era qua proprio ora
  that's just right è perfetto [ay pairfet-to]

K [kap-pa]

keep: can I keep it? lo/la posso tenere?
  [...taynairay]
  you keep it puoi tenerlo [pwoy...]
  keep the change tenga il resto

you didn't keep your promise non ha mantenuto la promessa [...ah mantenooto..]

it keeps on breaking continua a rompersi [konteenoo-a ah rompairsee]

key la chiave [kee-ahvay]

keycard una chiave magnetica [kee-ahvay man-yeteeka]

kidney il rene [raynay]

(food) il rognone [ron-yonay]

kill uccidere [oocheedairay]

kilo un chilo [keelo]

✈ kilos/5 x 11 = pounds

kilos	1	1.5	5	6	7	8	9
pounds	2.2	3.3	11	13.2	15.4	17.6	19.8

kilometre un chilometro [keelomaytro]

✈ kilometres/8 x 5 = miles

kilometres	1	5	10	20	50	100
miles	0.62	3.11	6.2	12.4	31	62

kind: that's very kind of you è molto gentile da parte sua [ay...jenteelay da partay...]

what kind of...? che tipo di...? [kay teepo dee]

kiss un bacio [bacho]

(verb) baciare [bacharay]

✈ It is customary (between women and between women and men) to give a kiss on each cheek when greeting good friends or relatives whom you have not seen/will not see for a long time. Men tend to hug each other instead.

kitchen la cucina [koocheena]

knee il ginocchio [jeenok-yo]

knife il coltello

knock *(verb: at door)* bussare [boos-saray]

there's a knocking noise from the engine il motore batte in testa [eel mot oray bat-tay een...]

know sapere [sap airay]

(person, place) conoscere [kon oshairay]

I don't know non so

I didn't know non sapevo [non sap ayvo]

I don't know the area non conosco la zona

L [el-lay]

label l'etichetta [eteek et-ta]

laces i lacci [l achee]

lacquer la lacca

ladies (toilet) la toilette (delle signore) [twal et (del-lay seen-y oray)]

lady una signora [seen-y ora]

lager una birra [beer-ra]

a lager and lime una birra col succo di limetta [...s ook-ko dee leem et-ta]

✈ This is an unusual drink in Italy.

lake il lago [l ahgo]

lamb *(meat)* l'agnello [an-y el-lo]

lamp una lampada [l ampada]

lamppost il lampione [lampee- onay]

lampshade il paralume [-l oomay]

land la terra

lane *(on road)* la corsia [kors ee-a]

language la lingua [l eengwa]

language course un corso di lingua

laptop un laptop

large grande [gr anday]

laryngitis la laringite [lareenj eetay]

lasciare libero il passo do not obstruct access

last ultimo [oolteemo]

last year l'anno scorso

last week la settimana scorsa
last night la notte scorsa [not-tay...]
at last! finalmente! [feenalmentay]
late tardi [tardee]
  sorry I'm late scusi per il ritardo [skoozee...]
  it's a bit late è un po' tardi [ay...]
  please hurry, I'm late in fretta per favore, sono in ritardo [...pair favoray]
  at the latest al più tardi [...pew...]
later più tardi [pew tardee]
  see you later a più tardi
laugh *(verb)* ridere [reedairay]
launderette una lavanderia automatica [lavandayree-a owtomateeka]

✈ If you can't find a launderette look for a **lavasecco** (dry-cleaner's). To check when you'll get your clothes back:

> **when will it be ready?** per quando è pronto?
> **do you have a same-day service?** può farlo in giornata? [pwo...jornahta]

lavatory il gabinetto
lavori in corso men at work
law la legge [layjay]
lawyer l'avvocato
laxative un lassativo
lazy pigro [peegro]
leaf la foglia [fol-ya]
leak: it leaks perde [pairday]
learn: I want to learn... voglio imparare... [vol-yo eempararay]
lease *(verb)* affittare [af-feet-taray]
least: not in the least proprio per niente [...nee-entay]

at least almeno [almayno]
leather la pelle [pel-lay]
   leather soles suole di cuoio [swolay dee kwo-yo]
leave *(go away)* partire [parteeray]
   we're leaving tomorrow partiamo domani
   when does the bus leave? quando parte l'autobus? [...partay lowtoboos]
   I left two shirts in my room ho *lasciato* due camicie in camera mia [o lashahto doo-ay kameechay een kamaira mee-a]
   can I leave this here? posso lasciarlo/la qua?
left sinistra [seeneestra]
   on the left a sinistra
left-handed mancino [mancheeno]
left luggage (office) il deposito bagagli [daypozeeto bagal-yee]
leg la gamba
legal *(permitted)* legale [laygahlay]
lemon un limone [leemonay]
lemonade una gazzosa [gat-tzoza]

> ✈ If you ask for **una limonata** you'll get
> lemon juice.

lend: will you lend me your...? mi presta il suo/la sua...? [mee...]
lens *(for camera)* l'obiettivo [ob-yet-teevo]
   (of glasses) la lente [lentay]
Lent la Quaresima [kwarayzeema]
less meno [mayno]
   less than that di meno
let: let me help aspetti che l'aiuto [...kay la-yooto]
   let me go! mi lasci andare! [mee lashee andaray]
   will you let me off here? mi fa scendere qua?

[mee fa shendairay...]
let's go andiamo [andee-ahmo]
letter *(in mail, of alphabet)* una lettera [let-taira]
  are there any letters for me? ci sono lettere
  per me? [chee...let-tairay pair may]
letterbox la cassetta delle lettere [...let-tairay]
lettuce una lattuga [lat-tooga]
level-crossing il passaggio a livello [pas-saj-jo ah
  leevel-lo]
liable *(responsible)* responsabile [responsahbeelay]
libero vacant; free
library la biblioteca [beeblee-otayka]
licence un permesso [pairmes-so]
  (driving) la patente [patentay]
lid il coperchio [kopairkee-o]
lie *(untruth)* una menzogna [mentzon-ya]
  can he lie down for a bit? può stendersi un
  attimo? [pwo stendairsee oon at-teemo]
life la vita [veeta]
  that's life sono cose che succedono [...kozay
  kay soochaydono]
lifebelt il salvagente [salva-jentay]
lifeboat la scialuppa di salvataggio [shaloop-pa
  dee salvataj-jo]
life-guard il bagnino [ban-yeeno]
  (woman) la bagnina
life insurance l'assicurazione sulla vita [as-
  seekooratzee-onay sool-la veeta]
life jacket il giubbotto di salvataggio [joob-bot-to
  dee salvataj-jo]
lift: do you want a lift? vuole un passaggio?
  [vwolay oon pas-saj-jo]
  could you give me a lift? mi può dare un
  passaggio? [mee pwo daray...]
  the lift isn't working l'ascensore non funziona
  [lashensoray non foontzee-ona]

light *(not heavy)* leggero [lej-jayro]
  (not dark) chiaro [kee-aro]
  the light isn't working la luce non funziona [la loochay non foontzee-ona]
  have you got a light? ha da accendere? [ah da achendairay]
  light green verde chiaro
  light blue azzurro
light bulb la lampadina [-deena]
lighter un accendino [achendeeno]
like: would you like...? vuole/vuoi...? *(polite/ familiar)* [vwolay/vwoy]
  I'd like a... vorrei un/una... [vor-ray...]
  I'd like to... vorrei...
  I like it mi piace [mee pee-ahchay]
  I like you mi sei simpatico [mee say seempateeko]
  (said to a woman) mi sei simpatica
  I don't like it non mi piace [...mee pee-ahchay]
  what's it like? com'è? [komay]
  do it like this lo faccia così [lo facha kosee]
  one like that uno come questo [...komay...]
lime la limetta [leemet-ta]
lime juice un succo di limetta [sook-ko dee leemet-ta]
line la linea [leenay-a]
lip il labbro
lip salve un burro di cacao [booro dee kakao]
lipstick il rossetto
liqueur un liquore [leekworay]

➔ Typically Italian are the various types of **amaro**, bitter, made with herbs, usually drunk after meals. Try **Fernet**: rather medicinal flavour, great for an upset stomach or hangover; **Sambuca**: sort of anisette; **Strega**: unique, sweet flavour, herb-based.

liquidazione di tutta la merce clearance sale
list la lista
listen ascoltare [-taray]
  listen! ascolti!
litre un litro

✈ 1 litre = 1.75 pints = 0.22 gals

little piccolo [peek-kolo]
  a little ice un po' di ghiaccio
  a little more un po' di più [...pew]
  just a little solo un po'
live abitare [abeetaray]
  (be alive) vivere [veevairay]
  I live in Glasgow abito a Glasgow [abeeto...]
  where do you live? dove abita? [dovay abeeta]
liver il fegato [faygato]
lizard la lucertola [loochairtola]
loaf una pagnotta [pan-yot-ta]
lobster un'aragosta
local: could we try a local wine? possiamo provare un vino locale? [...provaray oon veeno lokahlay]
  a local restaurant un ristorante locale
lock: the lock's broken la serratura è rotta [sairatoora...]
  I've locked myself out mi sono chiuso/a fuori [mee sono kee-oozo/a fworee]
London Londra
lonely *(person)* solo
long lungo [loongo]
  we'd like to stay longer vorremmo stare più a lungo [...staray pew...]
  a long time tanto tempo

loo: where's the loo? dov'è il gabinetto? [dovay...]

look: you look tired mi sembra stanco/a [mee..]

look at that guarda [gwarda]

can I have a look? posso dare un'occhiata? [...daray oon ok-kee-ahta]

I'm just looking sto solo dando un'occhiata

will you look after my bags? può dare un'occhiata ai miei bagagli? [pwo...a-ee mee-ay-ee bagal-yee]

I'm looking for... cerco... [chairko]

look out! attenzione! [at-tentsee-onay]

loose allentato

(clothes) largo

lorry l'autocarro [owtokar-ro]

lorry driver un camionista [kamee-oneesta]

lose perdere [pairdairay]

I've lost... ho perso... [o pairso]

excuse me, I'm lost scusi, mi sono perso [skoozee, mee...]

lost property (office) (l'ufficio) oggetti smarriti [oof-feecho oj-jet-tee smar-reetee]

lot: a lot molto

not a lot non molto

a lot of chips molte patatine [moltay patateenay]

a lot of wine molto vino [...veeno]

a lot more expensive molto più caro [...pew...]

lotion la lozione [lotzee-onay]

loud *(noise)* forte [fortay]

louder più forte [pew...]

it's too loud è troppo forte

lounge *(in house, hotel)* il salone [salonay]

(at airport) la sala d'attesa [...dat-tayza]

love: I love you ti amo [tee ahmo]

do you love me? mi ami? [mee ahmee]

he's/she's in love è innamorato/a [ay...]
I love this wine questo vino mi piace moltissimo [kwesto veeno mee pee-ahchay...]
lovely bello
(meal etc) buonissimo [bwonee-seemo]
low basso
luck la fortuna [fortoona]
good luck! buona fortuna! [bwona...]
lucky fortunato [fortoonahto]
you're lucky sei fortunato/a [say...]
that's lucky! che fortuna! [kay...]
luggage il bagaglio [bagal-yo]
lunch il pranzo [prantzo]
lungs i polmoni [polmonee]
luxury il lusso [loos-so]

M [em-may]

mad matto
made-to-measure fatto su misura [...soo meezoora]
magazine une rivista [reeveesta]
magnificent magnifico [man-yeefeeko]
maid la cameriera [kamairee-ayra]
maiden name il nome da nubile [nomay da noobeelay]
mail la posta
is there any mail for me? c'è posta per me? [chay...pair may]
mainland il continente [-nentay]
main road la strada principale [strahda preencheepahlay]
make fare [faray]
will we make it in time? faremo in tempo? [faraymo...]
make-up il trucco [trook-ko]

man un uomo [womo]
  there's a man in reception c'è un signore alla reception [chay oon seen-yoray...]
manager il direttore [deeraytoray]
  (woman) la direttrice [-treechay]
  can I see the manager? posso parlare col direttore? [...parlaray...]
many molti [moltee]
map la carta
  (of city) una pianta [pee-anta]
  a map of Rome una pianta di Roma
March marzo [martzo]
marina il porto turistico [...tooreesteeko]
market il mercato [mairkahto]
marmalade la marmellata d'arance [marmel-lahta daranchay]
married sposato
marry: will you marry me? mi vuoi sposare? [mee vwoy spozaray]
marvellous meraviglioso [mayraveel-yozo]
mascara il mascara
mashed potatoes il purè di patate [pooray dee patahtay]
mass *(in church)* la messa
massage un massaggio [mas-saj-jo]
mast l'albero [albairo]
mat uno stuoino [stwo-eeno]
match un fiammifero [fee-amee-fayro]
  (made of wax) un cerino [chayreeno]
  a box of matches una scatola di fiammiferi [skatola dee...]
  a football match una partita di calcio [parteeta dee kalcho]
material *(cloth)* la stoffa
matter: it doesn't matter non importa
  what's the matter? cosa c'è? [koza chay]

mattress il materasso

mature maturo [matooro]

maximum massimo [mas-seemo]

May maggio [maj-jo]

may: may I have...? potrei avere...? [potray avairay]

maybe forse [forsay]

mayonnaise la maionese [ma-yonayzay]

me: he knows me mi conosce [mee konoshay]

   please give it to me me lo/la dia per favore

   with me con me [...may]

   it's for me è per me [ay...]

   it's me sono io [...ee-o]

   who? – me chi? – io

meal il pasto

mean: what does this mean? cosa vuol dire? [koza vwol deeray]

measles il morbillo [morbeel-lo]

   German measles la rosolia [rozolee-a]

measurements le misure [meezooray]

meat la carne [karnay]

mechanic: is there a mechanic here? c'è un meccanico qui? [chay oon mayk-kaneeko kwee]

medicine la medicina [maydeecheena]

Mediterranean il Mediterraneo [-ranayo]

meet: pleased to meet you piacere [pee-achairay]

   I met him in the street l'ho incontrato per strada [lo...]

   when shall we meet? a che ora ci ritroviamo? [ah kay ora chee reetrovee-ahmo]

meeting un incontro

melon un melone [maylonay]

member un socio [socho]

   (female) una socia

   how do I become a member? come si diventa

soci? [komay see deeventa sochee]

men gli uomini [womeenee]

mend: can you mend this? può aggiustare questo? [pwo aj-joostaray...]

mention: don't mention it prego [praygo]

menu il menu [maynoo]

  can I have the menu, please? posso avere il menu, per favore? [...avairay...pair favoray]

  go to pages 84-88

mess un pasticcio [pasteecho]

message un messaggio [mes-saj-jo]

  are there any messages for me? ci sono messaggi per me? [chee sono mes-saj-jee pair may]

  can I leave a message for...? posso lasciare un messaggio per...? [...lasharay...]

metre un metro [maytro]

✈ 1 metre = 39.37 inches = 1.09 yds

metropolitana underground

midday mezzogiorno [met-tzojorno]

middle il mezzo [met-tzo]

  in the middle nel mezzo

  in the middle of the road nel mezzo alla strada

midnight mezzanotte [met-tzanot-tay]

might: he might have gone *può darsi* che se ne sia andato [pwo...kay say nay see-a andahto]

migraine un'emicrania [aymeekran-ya]

mild delicato [deleekahto]

  (weather) mite [meetay]

mile un miglio [meel-yo]

✈ miles/5 x 8 = kilometres

miles	0.5	1	3	5	10	50	100
kilometres	0.8	1.6	4.8	8	16	80	160

I'd like
vorrei
[vor-ray]

Antipasti: Starters

affettati misti assorted cold meats
gamberetti in salsa rosa shrimps in
mayonnaise and ketchup sauce
insalata di frutti di mare seafood salad
prosciutto e melone ham and melon

Primi piatti: Soups and pasta etc

cacciucco alla livornese seafood soup
made with tomatoes and wine and
served with home-made bread
cannelloni pasta stuffed with meat and
baked in a sauce
fettuccine ribbon-shaped pasta
gnocchi potato dumplings
lasagne al forno lasagne, layers of
pasta and meat sauce, covered with
cheese and baked in the oven
linguine al pesto type of flat spaghetti
with a dressing of crushed basil,
garlic, oil and Parmesan
minestrone thick vegetable soup
panzanella Tuscan dish of bread with
fresh tomatoes, onions, basil and
olive oil
penne all'arrabbiata pasta quills with
tomato and chili pepper sauce
polenta yellow cornmeal porridge, left
to set and sliced up, fried or baked
ravioli pasta squares stuffed with meat
or other savoury filling and served
with a sauce
rigatoni al pomodoro short, ridged
pasta shapes with tomato sauce
risotto al nero di seppia risotto with
cuttlefish ink
risotto alla marinara seafood risotto
risotto alla milanese rice cooked
in white wine and saffron with
mushrooms and cheese
spaghetti al nero di seppia flavoured
and blackened with cuttlefish ink

water
acqua

bread
pane
[pah nay]

spaghetti al pomodoro with tomato sauce
spaghetti al ragù spaghetti bolognese
spaghetti all'amatriciana with bacon, onions and tomato sauce
spaghetti alla carbonara with a creamy egg and bacon sauce
spaghetti alla puttanesca with anchovies, capers and black olives in tomato sauce
stracciatella clear soup with eggs and cheese
tagliatelle al ragù flat strips of pasta with minced beef and tomato sauce
tortellini al ragù pasta pockets with minced beef and tomato sauce
zuppa di pesce fish soup

Pizze: pizzas

calzone folded pizza with tomato and cheese inside
pizza ai porcini boletus mushrooms
pizza ai quattro formaggi four cheeses – mozzarella, gorgonzola, latteria, grana
pizza al S. Daniele cured ham
pizza alla diavola spicy salami
pizza marinara tomato, oregano, garlic and anchovies
pizza alla zingara aubergines, peppers, mushrooms and olives
pizza campagnola mushrooms and peppers
pizza capricciosa tomato, ham, mushrooms and artichokes
pizza fiorentina spinach and fried egg
pizza Margherita tomato and mozzarella cheese
pizza napoletana tomato, mozzarella cheese and anchovies
pizza nordica chopped salami and frankfurters

red wine
vino rosso

white wine
vino bianco

beer
birra

can I have what he's having?
vorrei quello che ha ordinato lui

pizza orchidea peppers and egg
pizza pugliese tomatoes and onion
pizza quattro stagioni ham,
mushrooms, artichokes and anchovies
pizza romana tomato, mozzarella,
anchovies and oregano
pizza siciliana anchovies, capers, olives
and oregano
pizzetta small pizza

Carni: Meat dishes

bistecca ai ferri grilled steak
bistecca alla fiorentina grilled T-bone
steak
bollito misto various types of boiled
meat with vegetables
brasato braised beef with herbs
cotoletta alla milanese veal cutlet in
eggs and breadcrumbs
cotoletta di vitello veal chop
cotolette di agnello lamb chops
cotolette di maiale pork chops
filetto al pepe verde fillet of beef with
green pepper
ossobuco knuckle of veal in wine and
tomato sauce
saltimbocca alla romana slices of veal
fried with ham and sage
spezzatino di vitello veal stew
spiedini di carne small spit-roasted
pieces of meat
trippa tripe
zampone con lenticchie stuffed pig's
trotters with lentils

Pollame: Poultry

anatra all'arancia duck à l'orange
petti di pollo impanati chicken breasts
in breadcrumbs
pollo alla cacciatora chicken in a wine,
onion and tomato sauce
pollo arrosto roast chicken

beef
manzo

chicken
pollo

lamb
agnello

Pesce: Fish

baccalà salt cod
calamari fritti fried squid
calamari in umido squid in wine, garlic and tomato sauce
fritto misto mixed fried fish
grigliata di pesce grilled fish
polipo ai ferri grilled octopus
polpi alla veneziana boiled octopus, chopped up and seasoned with garlic, lemon juice and parsley
sogliola al burro sole in butter sauce
trota ai ferri grilled trout

> very nice
> buonissimo

Contorni: Vegetables

fagiolini al burro French beans in butter
finocchi al forno fennel with cheese, browned in the oven
funghi trifolati mushrooms fried in garlic and parsley
insalata mista mixed salad
melanzane al forno baked aubergines in cheese sauce
patate al forno baked potatoes
patate arrosto roast potatoes
patate fritte chips, French fries
patate lesse boiled potatoes
pomodori gratinati grilled tomatoes
puré di patate mashed potatoes
spinaci all'agro spinach with oil and lemon
verdure fresche di stagione seasonal vegetables
zucchini fritti fried courgettes

Formaggi: Cheese

Bel Paese soft, full-fat cheese
caciotta hard, medium-fat cheese
gorgonzola strong, tangy blue cheese

mozzarella soft, sweet cheese made from buffalo's milk
parmigiano (reggiano) Parmesan cheese
pecorino strong-tasting (and smelling), hard ewe's milk cheese

Frutta e dolci: Desserts

cassata siciliana ice-cream cake with candied fruit, chocolate and ricotta
dolci della casa homemade cakes
gelato ice cream
macedonia fruit salad
meringata meringue pie
millefoglie custard slice
panna cotta pudding typical of Tuscany
pastiera napoletana flaky pastry with wheat, ricotta and candied fruit
stracciatella vanilla ice cream with chocolate chips
tiramisù sponge dipped in coffee and covered with cream and mascarpone cheese
torta della nonna tart with cream and pine nuts or almonds
torta di ciliegie cherry tart
torta di mele apple tart
zabaglione/zabaione frothy dessert made with egg yolks, sugar and Marsala
zuppa inglese trifle

General terms

IVA compresa VAT included
menu fisso set menu
pane e coperto cover charge including bread
secondi (piatti) main courses

---

vanilla
vaniglia

strawberry
fragola

chocolate
cioccolato
[chok-
kolahto]

coffee
un caffè

the bill,
please
il conto,
per favore

milk il latte [lat-tay]
  a glass of milk un bicchiere di latte [oon beek-
  yayray dee...]
milkshake un frappè [frap-pay]
millimetre un millimetro [meel-leemaytro]
milometer il contachilometri [-keelomaytree]
mind: I've changed my mind ho cambiato idea
  [o kambee-ahto eedaya]
  I don't mind non importa
  (it's all the same) fa lo stesso
  do you mind if I...? le spiace se...? [lay spee-
  ahchay say]
  never mind non fa niente [...nee-entay]
mine: it's mine è mio/a [ay mee-o...]
mineral water un'acqua minerale
  [...meenairahlay]
minimum il minimo [meeneemo]
minus meno [mayno]
  minus 3 degrees tre gradi sotto zero [tray
  gradee sot-to tzayro]
minute un minuto [meenooto]
  in a minute subito [soobeeto]
  just a minute un momento
mirror uno specchio [spek-yo]
Miss signorina [seen-yoreena]
miss: I miss you mi manchi [mee mankee]
  Paolo is missing manca Paolo
  there is a... missing manca un/una...
  we missed the bus abbiamo perso l'autobus
  [ab-bee-ahmo pairso...]
mist la foschia [foskee-a]
mistake uno sbaglio [sbal-yo]
  I think you've made a mistake credo che si sia
  sbagliato [kraydo kay see see-a sbal-yahto]
misunderstanding un malinteso [-tayzo]
mobile (phone) un cellulare [chel-loolaray]

my mobile number is... il mio numero di cellulare è... [eel mee-o noomayro dee...ay]

modern moderno [modairno]

moisturizer una crema idratante [krayma eedratantay]

Monday lunedì [loonaydee]

money il denaro, i soldi

  I've lost my money ho perso i soldi [o pairso ee soldee]

  I have no money sono senza soldi [...sentza...]

money belt una cintura portadenaro [cheentoora porta-denaro]

month un mese [mayzay]

moon la luna [loona]

moorings gli ormeggi [ormej-jee]

moped un motorino [-reeno]

more più [pew]

  can I have some more? posso averne ancora? [...avairnay ankora...]

  more wine, please ancora del vino per favore [...veeno pair favoray]

  no more thanks basta, grazie [basta gratzee-ay]

  more than that di più

  I have no more money non ho più soldi [...o...]

  more than... più di... [...dee]

  I haven't got any more non ne ho più [...nay...]

  there aren't any more non ce ne sono più [...chay...]

  more comfortable più comodo

morning il mattino [mat-teeno]

  good morning buon giorno [bwon jorno]

  in the morning di mattina [dee...]

  (tomorrow) domattina

  this morning questa mattina

mosquito una zanzara [tzantzara]
most: the most beautiful il/la più bello/a
[...pew...]
I like this one the most mi piace più questo/a
[mee pee-ahchay...]
most of the people la maggioranza della
gente [maj-jorantza del-la jentay]
mother: my mother mia madre [mee-a madray]
motor il motore [motoray]
motorbike una motocicletta [-cheeklet-ta]
motorboat un motoscafo
motorcyclist il/la motociclista [-cheekleesta]
motorist un/un'automobilista [owtomobeeleesta]
motorway l'autostrada [owtostrahda]

> ✈ You have to pay a toll to use Italian motor-
> ways.

mountain la montagna [montan-ya]
mountaineer un/una alpinista
mountaineering l'alpinismo
mouse un topo
  (for computer) un 'mouse'
moustache i baffi
mouth la bocca
move: don't move non si muova [non see
  mwova]
  could you move your car? può spostare la
  macchina? [pwo spostaray la mak-keena]
movie un film [feelm]
MPV una monovolume [mono-voloomay]
Mr signor, Sig. [seen-yor]
Mrs signora, Sig.ra [seen-yora]
Ms signora, Sig.ra [seen-yora]
much molto
  much better molto meglio [...mel-yo]
  not much non molto

mug: I've been mugged sono stato/a assalito/
a e derubato/a [...stato/a as-sal eeto/a ay
dayroob ahto/a]
mum: my mum la mia mamma
muscle il muscolo [m ooskolo]
museum il museo [mooz ay-o]

> ✈ Most Italian museums charge an entrance
> fee and close on Mondays.

mushrooms i funghi [f oonghee]
music la musica [m oozeeka]
must: I must have a... devo avere un/una...
[d ayvo av airay...]
I must not eat... non devo mangiare...
[...manj aray]
you must do it deve farlo [d ayvay...]
must I...? devo...?
mustard la senape [s aynapay]
my il mio/la mia
(plural) i miei/le mie [ee mee- ay-ee/lay m ee-ay]

> Use **il mio** or **la mia** depending on
> whether the word following takes **il** or **la**.

N [en-nay]

nail *(on finger)* l'unghia [oonghee-a]
(for wood) il chiodo [kee- odo]
nail clippers un tagliaunghie [tal-ya- oonghee-ay]
nail file una limetta da unghie [leem et-ta da
oonghee-ay]
nail polish lo smalto per unghie [...pair oonghee-
ay]
nail scissors le forbicine da unghie
[forbeech eenay da oonghee-ay]
naked nudo [n oodo]

name il nome [nomay]
  my name is... mi chiamo... [mee kee-ahmo]
  what's your name? come si chiama? [komay
  see kee-ahma]
napkin il tovagliolo [toval-yolo]
nappy il pannolino [pan-noleeno]
narrow stretto
national nazionale [natzee-onahlay]
nationality la nazionalità [natzee-onaleetah]
natural naturale [natoorahlay]
near: is it near? è vicino? [ay veecheeno]
  near here qui vicino [kwee...]
  do you go near...? va dalle parti di...? [va dal-
  lay partee dee]
  where's the nearest...? dov'è il/la...più vicino?
  [dovay...pew...]
nearly quasi [kwazee]
neat *(drink)* liscio [leesho]
  (tidy) ordinato [-ahto]
necessary necessario [naychays-saree-o]
  it's not necessary non è necessario
neck il collo
necklace la collana
need: I need a... ho bisogno di un/una... [o
  beezon-yo dee...]
needle un ago [ahgo]
neighbour il vicino [veecheeno]
  (female) la vicina
neither: neither of them nessuno dei due [nes-
  soono day doo-ay]
  (with feminine) nessuna delle due
  neither... nor... né... né... [nay...nay]
  neither do I/neither am I neanche io [nay-
  ankay ee-o]
nephew: my nephew mio nipote [mee-o
  neepotay]

nervous nervoso [nairvozo]
net *(fishing, tennis, soccer)* la rete [raytay]
never mai [ma-ee]
new nuovo [nwovo]
news le notizie [noteetzee-ay]
  (on TV) il telegiornale [telay-jornalay]
newsagent's un giornalaio [jornala-yo]

> ✈ You can buy bus tickets here too. Also stamps if you see a big black T above the door.

newspaper un giornale [jornahlay]
  do you have any English newspapers? ha dei giornali inglesi? [ah day jornahlee eenglayzee]
New Year l'Anno Nuovo
  Happy New Year! Buon Anno! [bwon...]

> ✈ New Year is celebrated with fireworks and, traditionally, spumante or champagne at midnight when people kiss and wish each other **auguri di buon anno** [owgooree dee bwon...]. The New Year's dinner is called **il cenone** [cheno-nay] (literally: big dinner). It's a tradition to eat lentils, which are said to bring wealth.

New Year's Eve l'ultimo dell'anno [oolteemo...]
New Zealand la Nuova Zelanda [...tzaylanda]
next prossimo [pros-seemo]
  please stop at the next corner per favore si fermi al prossimo incrocio [pair favoray see fairmee al pros-seemo eenkrocho]
  see you next year arrivederci all'anno prossimo [ar-reevedairchee...]
  next week/next Tuesday la settimana prossima/martedì prossimo
  next to the hotel accanto all'hotel

next of kin il parente più prossimo [parentay
   pew...]
nice bello
   (food) buono [bwono]
   (person) simpatico [seempateeko]
   (pleasant, kind) gentile [jenteelay]
niece: my niece mia nipote [mee-a neepotay]
night la notte [not-tay]
   good night buona notte [bwona...]
   at night di notte [dee...]
night club un locale notturno [lokahlay not-
   toorno]
nightdress una camicia da notte [kameecha da
   not-tay]
night porter il portiere di notte [portee-airay dee
   not-tay]
no no
   there's no water non c'è acqua [non chay...]
   I've no money non ho denaro [...o...]
nobody nessuno [nes-soono]
   nobody saw it non l'ha visto nessuno [non la...]
noisy rumoroso
   our room is too noisy la nostra camera è
   troppo rumorosa [...kamaira ay...]
noleggio rental
nolo: a nolo to rent
none nessuno [nes-soono]
   none of them nessuno di loro [...dee...]
non fumatori non-smoking
non parlare al conducente do not speak to the
   driver
non-smoker: we're non-smokers siamo non
   fumatori [see-ahmo non foomatoree]
non toccare do not touch
nor: nor do I/neither am I neanche io [nay-
   ankay ee-o]

normal normale [normah-lay]
north il nord
Northern Ireland l'Irlanda del Nord [eerlanda...]
nose il naso [nahzo]
not non
  not that one non quello
  not me io no [ee-o...]
  he didn't tell me non me lo ha detto [...may...]
note *(bank note)* una banconota
nothing niente [nee-entay]
November novembre [novembray]
now adesso, ora
nowhere da nessuna parte [...partay]
nudist beach una spiaggia per nudisti [spee-aj-
  ja...]
nuisance: it's a nuisance è una seccatura [ay...]
  this man's being a nuisance quest'uomo sta
  dando fastidio [kwestwomo...fasteedee-o]
numb intorpidito [eentorpeedeeto]
number *(figure)* il numero [noomayro]
number plate la targa
nurse l'infermiera [eenfairmee-aira]
  (male) l'infermiere [eenfairmee-airay]
nursery slope la pista per principianti [peesta
  pair preencheepee-antee]
nut la noce [nochay]
  (for bolt) il dado [dahdo]

O [o]

oar il remo [raymo]
obligatory obbligatorio [-toree-o]
obviously ovviamente [-mentay]
occasionally a volte [ah voltay]
 occupato engaged
o'clock *go to* **time**

October ottobre [ot-tobray]
octopus un polpo
odd *(number)* dispari [deesparee]
   (strange) strano [strahno]
of di [dee]

> The word **di**, when used with the words
> for 'the' **il/lo/la** becomes **del/dello/della**.
> With the plural forms for 'the' **i/gli/le** it
> becomes **dei/degli/delle**.
>   **the name of the street** il nome della
>   strada
>   **the name of the hotel** il nome
>   dell'albergo

off: the milk is off il latte è andato a male [eel
lat-tay ay andahto ah mahlay]
   it just came off si è staccato [see ay...]
   10% off uno sconto del dieci per cento [...dee-
aychee pair chento]
office l'ufficio [oof-feecho]
officer *(to policeman)* agente [ajentay]
often spesso
   not often non spesso
   how often? ogni quanto? [on-yee kwanto]
   how often do the buses go? con che
   frequenza partono gli autobus? [kon kay
   fraykwentza partono lee owtoboos]

> *YOU MAY THEN HEAR*
> ogni dieci minuti *every ten minutes*
> tre volte al giorno *three times a day*

oil l'olio [ol-yo]
   will you change the oil? mi cambia l'olio?
   [mee kambee-a...]
ointment una pomata [pomahta]
ok okay

it's ok *(doesn't matter)* non fa niente [...nee-entay]

are you ok? tutto bene? [toot-to baynay]

that's ok by me per me va bene [pair may...]

is this ok for the airport? *(bus, train)* questo va bene per l'aeroporto? [kwesto...]

more wine? – no, I'm ok thanks ancora del vino? – no, grazie

old vecchio [vek-yo]

how old are you? quanti anni hai? [kwantee an-nee I]

I am 28 ho ventotto anni [o...]

olive l'oliva [oleeva]

olive oil l'olio d'oliva [ol-yo...]

omelette una frittata [freet-tahta]

on su [soo]

I haven't got it on me non l'ho qui con me [non lo kwee kon may]

on Friday venerdì

on television alla televisione [...telayveezee-onay]

> The word **su**, when used with the words for 'the' **il/lo/la** becomes **sul/sullo/sulla**. With the plural forms for 'the' **i/gli/le** it becomes **sui/sugli/sulle**.
> **on the table** sul tavolo [sool tavolo]
> **on the stairs** sulle scale [sool-lay skalay]

once una volta

at once *(immediately)* subito [soobeeto]

one uno/una [oono/oona]

(number) uno

the red one quello rosso/quella rossa

onion una cipolla [cheepol-la]

on-line: to pay on-line pagare via Internet

[pagaray vee-a eentairnet]
only solo
  the only one l'unico/a [looneeko/a]
open *(adjective)* aperto [apairto]
  I can't open it non riesco ad aprirlo/la [non ree-aysko...]
  when do you open? a che ora aprite? [ah kay ora apreetay]
open ticket un biglietto aperto [beel-yet-to apairto]
opera l'opera [opayra]
operation l'operazione [opayratzee-onay]
operator *(telephone)* il centralino [chentraleeno]

> ✈ For general information contact Telecom Italia on 187; directory enquiries is 12 and for international directory enquiries and postcodes dial 4176.

opposite: opposite the hotel davanti all'albergo
optician's l'ottico
or o
orange *(fruit)* un'arancia [arancha]
  (colour) arancione [aranchonay]
orange juice un succo d'arancia [sook-ko darancha]
orario di apertura opening hours
order: could we order now? possiamo ordinare adesso? [...ordeenaray...]
  thank you, we've already ordered grazie, abbiamo già ordinato [gratzee-ay ab-bee-ahmo ja...]
ospedale hospital
other: the other one quell'altro/a
  do you have any others? ne ha degli altri? [nay ah del-yee altree]
otherwise altrimenti [altreementee]

ought: I ought to go dovrei andare [dovray andaray]

our il nostro/la nostra
(plural) i nostri/le nostre [...nostray]

> Use **il nostro** or **la nostra** depending on whether the word following takes **il** or **la**.

ours: that's ours è nostro/a

out: we're out of petrol siamo senza benzina [see-ahmo sentza bentzeena]

get out! fuori! [fworee]

outboard il fuoribordo [fworeebordo]

outdoors all'aperto [alapairto]

outside: can we sit outside? possiamo sederci fuori? [...saydairchee fworee]

over: over here qui [kwee]

over there là

over 40 più di quaranta [pew dee...]

it's all over *(finished)* è tutto finito [ay...]

overcharge: you've overcharged me mi ha fatto pagare troppo [mee ah fat-to pagaray...]

overcooked troppo cotto

overexposed sovraesposto [sovra-esposto]

overnight *(stay)* per la notte [...not-tay]
(travel) di notte

oversleep: I overslept non mi sono svegliato/a [non mee sono svayl-yahto/a]

overtake sorpassare [sorpas-saray]

owe: what do I owe you? quanto le devo? [...lay dayvo]

own: my own... il mio/la mia...

I'm on my own sono da solo/a

owner il proprietario [propree-aytaree-o]
(female) la proprietaria

oxygen l'ossigeno [os-seejayno]

oysters le ostriche [ostreekay]

P [pee]

pack: I haven't packed yet non ho ancora fatto i bagagli [...ee bagal-yee]
  can I have a packed lunch? potrei avere un cestino da viaggio? [potray avairay oon chesteeno da vee-aj-jo]
package tour il viaggio organizzato [vee-aj-jo organeet-tzahto]
page *(of book)* la pagina [pajeena]
  could you page him? può farlo cercare? [pwo farlo chairkaray]
pain il dolore [doloray]
  I've got a pain in my... ho un dolore al/alla... [o...]
pain-killers gli analgesici [an-al-jayzeechee]
painting *(picture)* un dipinto [deepeento]
Pakistan il Pakistan
pale pallido [pal-leedo]
pancake la frittella
panties le mutandine [mootandeenay]
pants i pantaloni [pantalonee]
  (underpants) le mutande [mootanday]
paper la carta
  (newspaper) un giornale [jornahlay]
parcel un pacco
parcheggio parking
pardon? *(didn't understand)* come? [komay]
  I beg your pardon *(sorry)* scusi [skoozee]
parents: my parents i miei genitori [ee mee-ay-ee jayneetoree]
park il parco
  where can I park my car? dove posso parcheggiare? [dovay pos-so parkej-jaray]
  is it difficult to get parked? è difficile

parcheggiare? [ay deefeecheelay...]
parking ticket una multa [moolta]
part la parte [partay]
   a (spare) part un pezzo di ricambio [pet-tzo
   dee reekambee-o]
partenze departures
partner (boyfriend etc) il compagno [kompan-yo]
   (girlfriend etc) la compagna
party (group) la comitiva [komeeteeva]
   (celebration) una festa
   I'm with the...party sono con la comitiva di...
   [...dee]
pass (in mountain) il passo
   he's passed out è svenuto [ay...]
passable (road) transitabile [transeetahbeelay]
passaggio a livello level crossing
passenger il passeggero [pas-sej-jayro]
   (female) la passeggera
passer-by il/la passante [pas-santay]
passo carrabile keep clear
passport il passaporto
past: in the past in passato
   it's just past the traffic lights è appena dopo
   il semaforo [ay ap-payna...]
   go to **time**
path il sentiero [sentee-airo]
patient: be patient sia paziente [see-a patzee-
   entay]
pattern il disegno [deezayn-yo]
pavement il marciapiede [marchapee-ayday]
pavement café un caffé all'aperto [kaf-fay al-
   lapairto]
pay pagare [pagaray]
   can I pay, please vorrei pagare [vor-ray...]

✈ Sometimes you may have to pay at the cash desk before actually getting what you have ordered. This often happens in bars, but also at bread counters in supermarkets, in coffee shops etc. You get a ticket (**uno scontrino**) from the cash desk and hand this to the person serving.

peace la pace [pahchay]
peach una pesca
peanuts le arachidi [arakeedee]
pear una pera [payra]
peas i piselli
pedal il pedale [paydahlay]
pedestrian il pedone [paydonay]
pedestrian crossing un passaggio pedonale [pas-saj-jo paydonahlay]

✈ Do not assume that the cars will stop or even slow down for you at a pedestrian crossing.

pedoni pedestrians
peg *(for washing)* una molletta da bucato
  (for tent) un picchetto [peek-ket-to]
pen la penna
  have you got a pen? ha una penna? [ah...]
pencil la matita [mateeta]
penicillin la penicillina [payneecheel-leena]
penknife un temperino [tempaireeno]
pensioner il pensionato [paynsee-onahto]
  (woman) la pensionata
people la gente [jentay]
  how many people? quante persone? [kwantay pairsonay]
people carrier una monovolume [monovoloomay]

pepper il pepe [paypay]
  green/red pepper un peperone verde/rosso
  [paypaironay/vairday...]
peppermint la menta
  (sweet) una caramella alla menta
per: per week/person/night a settimana/
  persona/notte [ah...]
per cent per cento [pair chento]
perfect perfetto [pairfet-to]
  the perfect holiday la vacanza perfetta
  [vakantza...]
perfume il profumo [profoomo]
perhaps forse [forsay]
pericolo danger
pericoloso sporgersi do not lean out
period *(of time)* il periodo [payree-odo]
  (menstruation) le mestruazioni [maystroo-atzee-
  onee]
per la città local mail only
perm la permanente [pairmanentay]
permit un permesso [pairmes-so]
person la persona [pairsona]
  in person in persona
personal stereo un walkman®
per tutte le altre destinazione all other
  destinations
petrol la benzina [bentzeena]

> ✈ All petrol is now green unleaded **verde
> senza piombo** (or diesel).

petrol station un distributore di benzina
  [deestreebootoray dee bentzeena]
pharmacy la farmacia [farmachee-a]

> ✈ *go to* **chemist**

phone il telefono [telayfono]

I'll phone you la/ti chiamo *(polite/familiar)* [la/tee kee-ahmo]

I'll phone you back la/ti richiamo *(polite/familiar)* [...reekee-ahmo]

can you phone back in five minutes? può richiamare tra cinque minuti? [pwo reekee-amaray...]

---

can I speak to...? posso parlare con...? [...parlaray...]

could you get the number for me? mi può chiamare questo numero? [mee pwo kee-amaray kwesto noomayro]

YOU MAY HEAR
lasciate un messaggio dopo il segnale acustico *leave a message after the beep*
vi richiamerò appena possibile *I'll get back to you as soon as possible*

✈ The code for the UK is 0044; you drop the first 0 of the UK area code.

phonebox una cabina telefonica [kabeena telayfoneeka]

✈ Most phoneboxes take cards only.

phonecall una telefonata [telayfonahta]
can I make a phonecall? posso fare una telefonata? [...faray oona...]

phonecard una scheda telefonica [skayda telayfoneeka], una carta telefonica

✈ Buy these from **tabacchi** or newsstands. Or look for the sign **carte telefoniche**.

photograph la fotografia [fotografee-a]
would you take a photograph of us/me? ci/

mi fa la fotografia, per favore? [chee/mee...pair favoray]

piano il pianoforte [-fortay]

pickpocket il borseggiatore [borsej-jatoray]
   (female) la borseggiatrice [-treechay]

picture *(painting)* un quadro

pie *(meat)* il pasticcio [pasteecho]
   (fruit) la torta

piece il pezzo [petzo]
   a piece of... un pezzo di... [...dee]

pig il maiale [ma-yahlay]

pigeon il piccione [peechonay]

pile-up un tamponamento a catena [...ah katayna]

pill la pillola [peel-lola]
   are you on the pill? prendi la pillola?

pillow un cuscino [koosheeno]

pin lo spillo [speel-lo]

pineapple un ananas

pink rosa

pint la pinta [peenta]

   ✈ 1 pint = 0.57 litres

pipe *(to smoke)* una pipa [peepa]
   (for water) il tubo [toobo]

pity: it's a pity è un peccato [ay...]

place il posto
   is this place taken? questo posto è occupato?
   do you know any good places to go?
   conosce dei posti interessanti? [konoshay day postee eentaires-santee]
   at my place a casa mia [ah kahza...]
   at your place a casa tua
   to Franco's place da Franco

plain semplice [sempleechay]
   (not patterned) in tinta unita [...ooneeta]
   plain omelette una frittata

plane l'aereo [ah-ayrayo]
plant la pianta [pee-anta]
plaster *(cast)* il gesso [jes-so]
 (sticking) il cerotto [chairot-to]
plastic la plastica [plasteeka]
plastic bag un sacchetto di plastica [sak-ket-to
 dee plasteeka]
plate il piatto [pee-at-to]
platform *(rail)* il marciapiede [marchapee-ayday]
 which platform please? che binario, per
 favore? [kay beenaree-o pair favoray]
play *(verb)* giocare [jokaray]
pleasant piacevole [pee-achayvolay]
please: could you please...? per favore,
 potrebbe...? [pair favoray potreb-bay]
 (yes) please sì, grazie [see gratzee-ay]
pleasure il piacere [pee-achairay]
 it's a pleasure prego [praygo]
plenty: plenty of... un sacco di... [...dee]
 thank you, that's plenty grazie, basta [gratzee-
 ay...]
pliers le pinze [peentzay]
plug *(electrical)* la spina [speena]
 (for car) la candela [kandayla]
 (for sink) il tappo

➤ You'll need 2-pin plugs in Italy.

plum una prugna [proon-ya]
plumber l'idraulico [eedrowleeko]
plus più [pew]
pm: 3 pm le 3 di pomeriggio [...dee pomayreej-
 jo]
 7 pm le 7 di sera [...dee saira], le 19 [lay...]

➤ The 24-hour clock is commonly used in
 spoken Italian.

pocket la tasca
point: could you point to it? me lo può indicare? [may lo pwo eendeekaray]
 4 point 6 4 virgola 6 [...veergola...]
police la polizia [poleetzee-a]
 get the police chiami la polizia [kee-ahmee...]

> ✈ As well as the police there are also the **Carabinieri** (who are actually part of the army); to contact the **Carabinieri** in an emergency dial 112; or contact the police dialling 113.

policeman il poliziotto [poleetzee-ot-to]
police station il posto di polizia [...dee poleetzee-a]
policewoman una donna poliziotto [...poleetzee-ot-to]
polish il lucido [loocheedo]
 can you polish my shoes? potrebbe lucidarmi le scarpe? [potreb-bay loocheedarmee lay skarpay]
polite cortese [kortayzay]
polizia stradale traffic police
polluted inquinato [eenkweenahto]
pool (swimming) la piscina [peesheena]
poor: I'm very poor sono molto povero/a [...povairo/a]
 poor quality di qualità scadente [dee kwaleetah skadentay]
Pope il Papa
pork il maiale [ma-yahlay]
port (harbour, drink) il porto
 to port (not starboard) a babordo
porter (in hotel) il portiere [portee-airay]
portrait un ritratto
Portugal il Portogallo

posh *(hotel etc)* elegante [-gantay]
possible possibile [pos-seebeelay]
  could you possibly...? potrebbe...?
  [potreb-bay]
post *(mail)* la posta
postbox una cassetta delle lettere [...del-lay let-tair-ray]
postcard una cartolina [kartoleena]
poste restante il fermo posta
post office l'ufficio postale [oof-feecho postahlay]

> ✈ The postal service can be slow; for a little
> extra you can have the faster service of
> **posta prioritaria.**

potatoes le patate [patahtay]
pound *(weight)* la libbra [leeb-bra]
  (money) la sterlina [stairleena]

> ✈ pounds/11 x 5 = kilos
>
> | pounds | 1 | 3 | 5 | 6 | 7 | 8 | 9 |
> |---|---|---|---|---|---|---|---|
> | kilos | 0.45 | 1.4 | 2.3 | 2.7 | 3.2 | 3.6 | 4.1 |

pour: it's pouring sta piovendo a catinelle
  [sta pee-ovendo ah kateenel-lay]
power cut un'interruzione della corrente
  [eentairootzee-onay del-la kor-rentay]
power point una presa (di corrente) [prayza (dee
  kor-rentay)]
prawns i gamberi [gambairee]
prefer: I prefer this one preferisco questo/a
  I'd prefer to... preferirei...[prayfaireer-ay-ee]
  I'd prefer a... preferirei un/una ...
pregnant incinta [eencheenta]
prenotazioni booking; reservations
prescription una ricetta (medica) [reechet-ta]
present: at present adesso
  here's a present for you questo è un regalo

per lei/te *(polite/familiar)* [...ay oon raygahlo pair lay/tay]

president il/la presidente [-dentay]

press: could you press these? mi può stirare questi? [mee pwo steeraray kwestee]

pretty carino [kareeno]

   pretty good buonissimo [bwonee-seemo]

   pretty expensive assai caro [as-sa-ee...]

price il prezzo [pret-tzo]

priest un prete [praytay]

prison la prigione [preejonay]

private privato [preevahto]

probably probabilmente [-mentay]

problem un problema [problayma]

   no problem! nessun problema [nes-soon...]

product un prodotto

profit il profitto [profeet-to]

promise: do you promise? lo prometti? [lo promet-tee]

   I promise promesso

pronounce: how do you pronounce this? come si pronuncia? [komay see pronooncha]

pronto soccorso first aid; A&E

propeller l'elica [ayleeka]

properly per bene [pair baynay]

prostitute una prostituta [prosteetoota]

protect proteggere [protej-jairay]

protection factor il fattore di protezione [fat-toray dee protetzee-onay]

Protestant protestante [-tantay]

proud orgoglioso [orgol-yozo]

public: the public il pubblico [poob-bleeko]

public convenience la toilette [twalet]

✈ Not as many as in Britain. Most bars have a toilet that can be used, although you should buy something if you want to use the loo.

public holiday un giorno festivo [jorno festeevo]

✈ **Capodanno,** January 1st, New Year's Day
Epifania January 6th
Pasqua Easter Sunday
Pasquetta Easter Monday
Anniversario della Liberazione, April 25th, Liberation Day
Festa del Lavoro, May 1st, May Day
Proclamazione della Repubblica, June 2nd, Declaration of the Republic
l'Assunzione/Ferragosto, August 15th, Assumption
Ognissanti, November 1st, All Saints' Day
l'Immacolata Concezione, December 8th, Immaculate Conception
Natale, December 25th, Christmas Day
Santo Stefano, December 26th, Boxing Day
There is also a patron saint's day (**santo patrono**) in most towns and villages.

pudding un dolce [dolchay]
pull (verb) tirare [teeraray]
  he pulled out in front of me mi ha tagliato la strada [mee ah tal-yahto la strahda]
pump la pompa
puncture una foratura [foratoora]
  I have a puncture ho una gomma a terra [o...]
punto d'incontro meeting point
punto di ritrovo meeting point
pure puro [pooro]
purple viola
purse il portafogli [portafohl-yee]

push *(verb)* spingere [speenjairay]
pushchair un passeggino [pas-sej-jeeno]
put: where can I put...? dove posso mettere...?
  [dovay pos-so met-tairay]
pyjamas un pigiama [peejama]

Q [koo]

quality la qualità [kwaleetah]
quarantine la quarantena [kwarantayna]
quarter un quarto [kwarto]
  a quarter of an hour un quarto d'ora
  go to **time**
quay il molo
question una domanda
queue una coda

✈ The queuing habit is not very strong.

quick svelto
  that was quick! che velocità! [kay vaylocheetah]
quiet quieto [kwee-ayto]
  be quiet! zitto! [tzeet-to]
quite completamente [kompleta-mentay]
  (fairly) assai [as-sa-ee]
  not quite ready non ancora pronto
  quite a lot un sacco

R [air-ray]

radiator *(car, heater)* il radiatore [radee-atoray]
radio la radio [radee-o]
rail: by rail col treno [...trayno]
rain la pioggia [pee-oj-ja]
  it's raining piove [pee-ovay]
raincoat un impermeabile [eempairmay-ahbeelay]
rallentare slow down

rally *(cars)* il 'rally'

rape uno stupro [stoopro]

rare raro [rahro]

(steak) al sangue [...sangway]

raspberry il lampone [lamponay]

rat un ratto

rather: I'd rather have a... preferirei un/una...
[prefairee-ray-ee]

I'd rather sit here preferisco sedere qui
[...saydairay kwee]

I'd rather not preferisco di no [...dee...]

it's rather hot fa piuttosto caldo [...pewt-
tosto...]

raw crudo [kroodo]

razor *(dry)* un rasoio [razo-yo]

read: something to read qualcosa da leggere
[...lej-jairay]

ready: when will it be ready? per quando è
pronto? [...ay...]

I'm not ready yet non sono ancora pronto/a

real autentico [owtenteeko]

really davvero [dav-vayro]

(very) molto

rear-view mirror lo specchietto retrovisore [spek-
yet-to raytroveezoray]

reasonable ragionevole [rajonayvolay]

receipt la ricevuta [reechayvoota]

(from till) lo scontrino

can I have a receipt please? posso avere
la ricevuta, per favore? [pos-so avairay...pair
favoray]

recently di recente [dee raychentay]

reception *(hotel)* la 'reception'

in reception alla reception

receptionist il/la 'receptionist'

recipe la ricetta [reechet-ta]

recommend: can you recommend...? può consigliarmi...? [pwo konseel-yarmee]

red rosso

reduction *(in price)* uno sconto

red wine il vino rosso

refuse: I refuse mi rifiuto [mee reefewto]

region la regione [rayjonay]

registered: I want to send this registered vorrei spedirlo per raccomandata [vor-ray spedeerlo pair...]

relax: I just want to relax voglio riposarmi [volyo reeposarmee]

relax! calma!

remember: don't you remember? non si ricorda? [...see...]

I don't remember non ricordo

rent: can I rent a car/bicycle? posso affittare una macchina/bicicletta? [...af-feet-taray oona mak-keena/beecheeklet-ta]

> *YOU MAY HEAR*
> che tipo? *what type?*
> per quanti giorni? *for how many days?*
> la riconsegni prima di... *bring it back before...*
> chilometraggio illimitato *unlimited mileage*

---

rental car una macchina a noleggio [mak-keena ah nolej-jo]

rep un/una rappresentante [-tantay] *(activities organizer)* l'animatore [aneematoray] *(female)* l'animatrice [-treechay]

repair: can you repair it? può ripararlo/la? [pwo...]

repeat: could you repeat that? può ripetere? [pwo reepaytairay]

reputation la reputazione [raypootatzee-onay]

rescue *(verb)* salvare [salvaray]

reservation una prenotazione [praynotatzee-onay]
  I want to make a reservation for... vorrei fare una prenotazione per... [vor-ray faray...]

> *YOU MAY THEN HEAR*
> per quando? *for what time?*
> come si chiama? *and your name is?*

reserve: can I reserve a seat? posso prenotare un posto? [...praynotaray...]

responsible responsabile [responsahbeelay]

rest: I've come here for a rest sono venuto/a qua per riposarmi [...pair reepozarmi]
  you keep the rest tenga il resto

restaurant un ristorante [reestorantay]

restaurant car il vagone ristorante [vagonay reestorantay]

retired in pensione [een paynsee-onay]

return: a return to... un andata e ritorno per... [...ay...]

reverse charge call una telefonata a carico del destinatario

reverse gear la marcia indietro [marcha eendee-aytro]

rheumatism il reumatismo [ray-oomateezmo]

rib la costola [kostola]

rice il riso [reezo]

rich *(person)* ricco [reek-ko]

ridiculous ridicolo [reedeekolo]

rifiuti rubbish

right: that's right è vero [ay vayro]
  you're right ha ragione lei [ah rajonay lay]
  on the right a destra
  right! *(understood)* ho capito [o kapeeto]

righthand drive la guida a destra [gweeda ah...]

ring *(on finger)* un anello

ripe maturo [matooro]
rip-off: it's a rip-off è un furto [ay oon foorto]
riservato reserved
rispetta l'ambiente take care of the environment
river il fiume [fewmay]
road la strada [strahda]
  which is the road to...? qual è la strada per...? [kwalay...]
road map una cartina stradale [karteena stradahlay]
rob: I've been robbed sono stato/a derubato/a [...dayroobahto/a]
rock una roccia [rocha]
  whisky on the rocks un whisky con ghiaccio [...ghee-acho]
roll (bread) un panino [paneeno]
romantic romantico [romanteeko]
roof il tetto
roof box il 'roof box'
roof rack il portabagagli [portabagal-yee]
room la stanza
  (in hotel) la camera [kamaira]
  have you got a single/double room? ha una camera singola/doppia? [ah...seengola/doppee-a]

---

for one night per una notte [pair oona not-tay]
for three nights per tre notti [not-tee]

YOU MAY THEN HEAR
con doccia? *with shower?*
con bagno? *with bath?*
spiacenti, ma siamo al completo *sorry, we're full*

✈ Information can be obtained from the local tourist offices, the **APT (Azienda Promozione Turistica)** or **Pro Loco**.

room service il servizio in camera [sairveetzee-o...]
rope una fune [foonay]
rose la rosa
rough *(sea)* mosso
roughly *(approx)* più o meno [pew o mayno]
round *(circular)* rotondo
  it's my round ora offro io
roundabout *(on road)* la rotonda

✈ When approaching a roundabout always check right of way signs, as it can vary. Usually traffic joining the roundabout must give way to cars already on the roundabout. Remember they'll be coming from the left.

route un tragitto [trajeet-to]
  which is the prettiest/fastest route? qual è la strada più bella/più veloce? [kwalay la strahda pew bel-la/pew vaylochay]
rowing boat una barca a remi [...raymee]
rubber *(material, eraser)* la gomma
rubber band un elastico [aylasteeko]
rubbish *(waste)* la spazzatura [spat-tzatoora]
  (poor quality goods) una porcheria [porkairee-a]
  rubbish! sciocchezze! [shok-ket-tzay]
rucksack lo zaino [tza-eeno]
rudder il timone [teemonay]
rude maleducato [malaydookahto]
ruin la rovina [roveena]
rum un rum [room]
  a rum and coke un rum e Coca-Cola® [...ay...]

run: hurry, run! corri, fa presto!
 I've run out of petrol/money sono rimasto/a
 senza benzina/soldi [...sentza bentzeena/soldee]

S [es-say]

sad triste [treestay]
safe sicuro [seekooro]
 will it be safe here? è al sicuro qua? [ay...]
 is it safe to swim here? è prudente nuotare
 qua? [ay proodentay nwotaray...]
safety la sicurezza [seekooret-tza]
safety pin una spilla di sicurezza [speel-la dee
 seekooret-tza]
sail: can we go sailing? possiamo fare della
 barca a vela? [...faray...vayla]
sailboard una tavola a vela [...ah vayla]
sailboarding: to go sailboarding fare del
 windsurf [faray...]
sailor il marinaio [mareena-yo]
sala d'aspetto waiting room
salad un'insalata
salami il salame [salamay]
saldi sale
sale: is it for sale? è in vendita? [ay een
 vendeeta]
salmon il salmone [salmonay]
salt il sale [sahlay]
same stesso
 the same again, please un altro/un'altra, per
 favore [...pair favoray]
 it's all the same to me per me è la stessa cosa
 [pair may ay...]
sand la sabbia
sandals i sandali [sandalee]
sandwich un panino imbottito [paneeno eembot-

teeto]
a ham/cheese sandwich un panino al prosciutto/al formaggio

✈ You could try **un tramezzino**, two or three triangular slices of bread with various types of filling. Or there's **una schiacciatina** [skee-achateena], or **focaccina** [foka-cheena], a sandwich made with focaccia bread.

sanitary towels gli assorbenti igienici [...eejayneechee]
Sardinia la Sardegna [sardayn-ya]
satisfactory soddisfacente [sod-deesfachentay]
Saturday sabato
sauce la salsa
saucepan una casseruola [kas-sairwola]
saucer un piattino [pee-at-teeno]
sauna una sauna [sa-oona]
sausage una salsiccia [salseecha]

✈ Italian sausages are soft and you can spread them raw on bread or grill them. Frankfurters are called **wüstel**.

say dire [deeray]
  how do you say...in Italian? come si dice in italiano...? [komay see deechay een eetalee-ahno]
  what did he say? cosa ha detto? [koza ha...]
scala mobile escalator
scarf un fazzoletto [fat-tzolet-to]
  (long and thin) una sciarpa [sharpa]
scenery il panorama
schedule il programma
  on schedule in orario [...oraree-o]
  behind schedule in ritardo
scheduled flight un volo di linea [...dee leenay-a]

school la scuola [skwola]
scissors: a pair of scissors un paio di forbici [pɪ-yo dee forbeechee]
scooter uno scooter
Scotland la Scozia [skotzee-a]
Scottish scozzese [skot-tzayzay]
scream *(verb)* gridare [greedaray]
 (noun) un grido [greedo]
screw la vite [veetay]
screwdriver un cacciavite [kachaveetay]
sea il mare [maray]
 by the sea al mare
seafood i frutti di mare [froot-tee dee maray]
search *(verb)* cercare [chairkaray]
search party una squadra di soccorso [skwadra dee...]
seasick: I get seasick soffro il mal di mare [...dee maray]
seaside la spiaggia [spee-aj-ja]
 let's go to the seaside andiamo al mare [...maray]
season la stagione [stajonay]
 in the high/low season in alta/bassa stagione
seasoning il condimento
seat un posto a sedere [...saydairay]
 is this somebody's seat? è occupato questo posto?
seat belt la cintura di sicurezza [cheentoora dee seekooret-tza]

✈ Compulsory front and back.

sea-urchin un riccio di mare [reecho dee maray]
seaweed le alghe [algay]
second *(adjective)* secondo
 (of time) un secondo
secondhand di seconda mano [dee...]

see vedere [vedairay]
 have you seen...? ha visto...? [ah...]
 can I see the room? posso vedere la camera?
 see you! ciao! [chow]
 see you tonight ci vediamo stasera [chee
 vedee-ahmo stasaira]
 oh, I see ho capito [o kapeeto]
self-catering apartment un appartamento per le
 vacanze [...pair lay vakantzay]
self-service il 'self-service'
sell vendere [vendairay]
send spedire [spedeeray]
 I want to send this to England voglio spedire
 questo in Inghilterra [vol-yo...]
sensitive sensibile [senseebeelay]
separate *(adjective)* separato [sayparahto]
 I'm separated sono separato/a
separately: can we pay separately? possiamo
 avere conti separati? [...avairay...]
September settembre [-tembray]
serious serio [sayree-o]
 I'm serious sul serio
 this is serious questo è grave [...ay grah-vay]
 is it serious, doctor? è grave, dottore?
service: is service included? il servizio è
 compreso? [eel sairveetzee-o ay komprayzo]
service station una stazione di servizio [statzee-
 onay dee sairveetzee-o]
services *(on motorway)* l'area di servizio [ah-ray-a
 dee sairveetzee-o]
serviette un tovagliolo [toval-yolo]
several diversi [deevairsee]
sex il sesso
sexy sexy
shade: in the shade all'ombra
shake scuotere [skwotairay]

to shake hands darsi la mano [darsee la mahno]

✈ It's customary to shake hands each time you meet somebody and when you take your leave of somebody – although usually only in more formal situations.

shallow basso
shame: what a shame! che peccato! [kay pek-kahto]
shampoo uno shampoo [shampo]
shandy una birra e gazzosa [beer-ra ay gat-tzoza]

✈ Not common in Italy.

share *(room, table)* dividere [deeveedairay]
shark uno squalo [skwalo]
sharp affilato [af-feelahto]
(taste) acido [a-seedo]
(pain) acuto [akooto]
shave radersi [radairsee]
shaver un rasoio [razo-yo]
shaving foam la schiuma da barba [skewma...]
shaving point una presa per il rasoio [prayza pair eel razo-yo]
she lei [lay]

If there is no special emphasis Italian doesn't use the word **lei**.
she is tired è stanca [ay...]

sheet un lenzuolo [lentzwolo]
shelf lo scaffale [skaf-falay]
shell *(sea-)* una conchiglia [konkeel-ya]
shellfish i molluschi [mol-looskee]
shelter un riparo [reepa-ro]
can we shelter here? possiamo ripararci qua? [...reepararchee...]

sherry uno sherry
ship la nave [nahvay]
shirt una camicia [kameecha]
shit! merda! [mairda]
shock lo shock
  I got an electric shock from... ho preso la
  scossa con... [o prayzo...]
shock-absorber l'ammortizzatore [am-morteet-
  tzatoray]
shoelaces i lacci [lachee]
shoes le scarpe [skarpay]

✈ men:			40	41	42	43	44	45
women:	36	37	38	39	40	41		
UK:	3	4	5	6	7	8	9	10	11

shop il negozio [naygotzee-o]
  I've some shopping to do devo fare delle
  compere [dayvo faray del-lay kompairay]

  ✈ Shops usually close for lunch between
  12.30 and 3.30 in winter, 12.30 and 4.30
  in summer, and remain open till 7.30 or
  8pm. Some department stores, supermarkets and shops in big cities open all day.

shop assistant un commesso
  (female) una commessa
short corto
  (person) basso
short cut una scorciatoia [skorchatoy-a]
shorts i calzoncini [kaltzoncheenee]
shoulder la spalla
shout gridare [greedaray]
show: please show me mi può mostrare? [mee
  pwo mostraray]
shower: with shower con doccia [...docha]
shrimps i gamberetti

shut chiudere [kee-oodairay]
  they're shut è chiuso [ay kee-oozo]
  when do you shut? a che ora chiudete? [ah kay ora kee-oodaytay]
  shut up! sta zitto! [...tzeeto]
shy timido [teemeedo]
si prega di non... please do not...
si prega di munirsi di scontrino alla cassa please get a receipt from the cash desk
Sicily la Sicilia [seecheel-ya]
sick malato [malahto]
  I feel sick mi sento male [mee sento mahlay]
  he's been sick ha vomitato [ah vomeetahto]
side il lato [lahto]
  by the side of the road sul margine della strada [sool marjeenay...]
side street una traversa [travairsa]
sight: the sights of... le attrazioni turistiche di... [at-tratzee-onay tooreesteekay dee]
sightseeing tour una gita turistica [jeeta tooreesteeka]
  (of town) un giro panoramico
sign *(notice)* il cartello
signal: he didn't signal non ha indicato [non ah eendeekahto]
signature la firma [feerma]
signore ladies
signori gents
silence il silenzio [seelentzee-o]
silencer il silenziatore [seelentzee-atoray]
silk la seta [sayta]
silly sciocco [shok-ko]
silver l'argento [arjento]
similar simile [seemeelay]
simple semplice [saympleechay]
since: since last week dalla settimana scorsa

since we arrived da quando siamo arrivati
(because) poiché [poy-kay]

sincere sincero [seenchairo]

sing cantare [kantaray]

single: I'm single non sono sposato/a
(no partner) sono 'single'

a single to... un'andata per... [oon andahta pair]

single room una camera singola [kamaira
seengola]

sister: my sister mia sorella [mee-a...]

sit: can I sit here? posso sedermi qui?
[...saydairmee kwee]

size la taglia [tal-ya]
(of shoes) il numero [noomayro]

ski lo sci [shee]
(verb) sciare [shee-aray]

ski boots gli scarponi da sci [skarponee da shee]

skid sbandare [sbandaray]

skiing lo sci [shee]

ski lift la sciovia [shee-ovee-a]

skin la pelle [pel-lay]

skin-diving il nuoto subacqueo [nwoto soobak-
wayo]

ski pants i pantaloni da sci [pantalonee da shee]

ski pole la racchetta da sci [rak-ket-ta da shee]

skirt una gonna

ski slope la pista da sci [peesta da shee]

ski wax la sciolina [shee-oleena]

sky il cielo [chaylo]

sledge la slitta

sleep: I can't sleep non riesco a dormire [non
ree-aysko ah dormeeray]

sleeper *(compartment)* il vagone letto
[vagonay...]

sleeping bag un sacco a pelo [...paylo]

sleeping pill una pastiglia per dormire [pasteelya pair dormeeray]

sleeve la manica [maneeka]

slide *(photo)* una diapositiva [dee-apozeeteeva]

slow lento

could you speak a little slower? può parlare un po' più lentamente? [pwo parlaray oon po pew lentamentay]

slowly lentamente [lentamentay]

small piccolo [peek-kolo]

smaller notes le banconote di taglio più piccolo [-notay dee tal-yo pew...]

small change gli spiccioli [speecholee]

smell: there's a funny smell c'è un *odore* strano [chay oon odoray...]

it smells puzza [poot-tza]

smile *(verb)* sorridere [sor-reedairay]

smoke il fumo [foomo]

do you smoke? fuma?

can I smoke? posso fumare? [...foomaray]

✈ Smoking is forbidden in all public places. Some bars and restaurants have a smoking area.

snack uno spuntino [spoonteeno]

can we just have a snack? non vorremo un pasto completo [...vor-raymo...komplayto]

✈ Toast are toasted sandwiches available as a snack in most bars.

snake una serpe [sairpay]

snorkel un respiratore [-toray]

snow la neve [nayvay]

so: it's so hot today fa *così* caldo oggi [...kosee...oj-jee]

not so much non così tanto

so am I/so do I anch'io [ankee-o]

soap il sapone [sap○nay]
soap powder il detersivo [daytairseevo]
sober s○brio
socks i calzini [kaltzeenee]
soda (water) un'acqua di soda [...dee...]
soft drink un analcolico [an-alk○leeko]
sole la suola [sw○la]
some: some people alcune persone [alk○onay pairs○nay]
  can I have some? posso averne un po'? [...avairnay...]
  can I have some grapes/some bread? posso avere dell'uva/del pane? [...avairay del-l○ova/del pahnay]
somebody qualcuno [kwalk○ono]
something qualcosa [kwalk○za]
sometimes a volte [ah v○ltay]
somewhere da qualche parte [...kwalkay partay]
son: my son mio figlio [mee-o feel-yo]
song una canzone [kantz○nay]
soon presto
  as soon as possible appena possibile [ap-payna pos-seebeelay]
  sooner prima [preema]
sore: it's sore mi fa male [mee fa mahlay]
sore throat un mal di gola [...dee...]
sorry: (I'm) sorry mi spiace [mee spee-ahchay]
  sorry? come? [k○may]
sort: this sort questo tipo [...teepo]
  what sort of...? che tipo di...? [kay...]
  will you sort it out? ci pensa lei? [chee pensa lay]
so-so così così [kosee kosee]
sosta autorizzata (9-12) parking (between 9 and 12)
sosta vietata no parking

sottopassaggio underpass

soup la minestra [meenestra]

sour aspro

south il sud [sood]

South Africa il Sudafrica [soodafreeka]

souvenir un souvenir

spade una vanga
(child's) la paletta

Spain la Spagna [span-ya]

spanner una chiave inglese [kee-ahvay eenglayzay]

spare part un pezzo di ricambio [pet-tzo dee reekambee-o]

spare wheel la ruota di scorta [rwota dee...]

spark plug una candela [kandayla]

speak parlare [parlaray]
   do you speak English? parla inglese? [...eenglayzay]
   I don't speak Italian non parlo italiano [...eetalee-ahno]

special speciale [spaychahlay]

specialist uno/una specialista [spaychaleesta]

spectacles gli occhiali da vista [ok-yahlee...]

speed la velocità [vaylocheetah]
   he was speeding aveva superato il limite di velocità [avayva...leemeetay dee...]

speed limit il limite di velocità [leemeetay dee vaylocheetah]

> ✈ In town 50 kmh (31 mph) unless other-
> wise indicated. Out of town 90 kmh (56
> mph); on **superstrada**, dual carriageways,
> it's 110 kmh (69 mph) and on motorways
> 130 kmh (81 mph).

speedometer il tachimetro [takeemaytro]

spend *(money)* spendere [spendairay]

spiaggia beach

spice una spezia

  is it spicy? è piccante? [ay peek-kantay]

spider un ragno [ran-yo]

spingere push

spoon un cucchiaio [kook-ya-yo]

sprain: I've sprained my... mi sono slogato il/
  la... [...slogahto...]

spring (of car, seat) la molla

  (season) la primavera [preemavayra]

square (in town) la piazza [pee-at-tza]

  two square metres due metri quadri

stairs le scale [skahlay]

stalls la platea [platay-a]

stamp il francobollo [frankobol-lo]

  two stamps for England due francobolli per
  l'Inghilterra [doo-ay...pair leengheeltair-ra]

> ✈ You can buy stamps at tobacconists (as
> well as at a post office). Some bars are
> also tobacconists – they'll have a big black
> T outside.

stand (at fair) lo stand

stand-by: to fly stand-by viaggiare in stand-by
  [vee-aj-jaray een...]

star la stella

starboard tribordo [treebordo]

start: when does it start? quando comincia?
  [kwando komeencha]

  my car won't start la macchina non parte [la
  mak-keena non partay]

starter (of car) il motorino d'avviamento
  [motoreeno dav-vee-amento]

  (food) un antipasto

starving: I'm starving sto morendo di fame
  [...dee fahmay]

station la stazione [statzee-onay]

statue una statua [statoo-a]

stay: we enjoyed our stay abbiamo avuto un *soggiorno* piacevole [ab-bee-ahmo avooto oon soj-jorno pee-achayvolay]

  stay there resta lì [...lee]

  I'm staying at... sono al...

steak la bistecca [beestayk-ka]

> *YOU MAY HEAR*
> al sangue *rare*
> poco cotta *medium rare*
> cotta bene *well done*

steal: my wallet's been stolen mi hanno rubato il portafoglio [mee an-no roobahto eel portafol-yo]

steep ripido [reepeedo]

steering lo sterzo [stairtzo]

steering wheel il volante [-antay]

step *(of stairs)* il gradino [gradeeno]

sterling la sterlina [stairleena]

stewardess la hostess

sticking plaster un cerotto [chairot-to]

sticky appiccicoso [ap-peecheekozo]

stiff rigido [reejeedo]

still: keep still sta fermo [...fairmo]

  I'm still here sono ancora qui [...ankora...]

  I'm still waiting sto ancora aspettando

sting: I've been stung sono stato/a punto/a [...poonto/a]

stink un cattivo odore [kat-teevo odoray]

stink: it stinks puzza [poot-tza]

stomach lo stomaco [stomako]

  have you got something for an upset stomach? ha qualcosa per i disturbi addominali? [ah kwalkoza pair ee deestoorbee ad-domeenahlee]

stomach-ache: I have a stomach-ache ho il mal di stomaco [o eel mal dee stomako]

stone una pietra [pee-aytra]

✈ 1 stone = 6.35 kilos

stop *(for bus etc)* la fermata [fairmahta]
  stop! ferma!
  do you stop near...? si ferma vicino a...? [see fairma veecheeno ah]
  could you stop here? si fermi qui, per favore

stop-over una fermata [fairmahta]
  (when flying) lo scalo [skahlo]

storm un temporale [temporahlay]

strada interrotta road closed

straight diritto [deereet-to]
  go straight on sempre diritto [sempray...]
  a straight whisky un whisky liscio [...leesho]

straightaway subito [soobeeto]

strange *(odd)* strano [strahno]
  (unknown) sconosciuto [skono-shooto]

stranger un estraneo [estranay-o]
  (woman) un'estranea
  I'm a stranger here non sono pratico/a del luogo [...prateeko/a del lwogo]

strawberry una fragola [fragola]

street la strada [strahda]

street map una piantina [pee-anteena]

string: have you got any string? ha dello spago? [ah...]

stroke: he's had a stroke ha avuto un ictus [ah avooto oon eektoos]

strong forte [fortay]

stuck *(drawer etc)* bloccato

student uno studente [stoodentay]
  (female) una studentessa

stupid stupido [stoopeedo]

such: such a lot così tanto [kosee...]
suddenly improvvisamente [eemprov-veezamentay]
sugar lo zucchero [tzook-kairo]
suit *(man's)* un abito (da uomo) [abeeto (da womo)]
  (woman's) un tailleur [ta-yur]
suitable adatto
suitcase una valigia [valeeja]
summer l'estate [estahtay]
sun il sole [solay]
  in the sun al sole
  out of the sun all'ombra
sunbathe prendere il sole [prendairay eel solay]
sun block una crema a protezione totale [krayma ah protetzee-onay totah-lay]
sunburn la scottatura [skot-tatoora]
sun cream una crema solare [krayma solaray]
Sunday domenica [domayneeka]
sunglasses gli occhiali da sole [ok-yahlee da solay]
sun lounger un lettino [let-teeno]
sunstroke il colpo di sole [...dee solay]
suntan l'abbronzatura [ab-brontzatoora]
suntan oil un olio solare [ol-yo solaray]
suonare please ring
supermarket il supermercato
supper la cena [chayna]
sure: I'm not sure non sono sicuro/a [seekooro]
  are you sure? è sicuro/a? [ay...]
  sure! certamente! [chairtamentay]
surfboard una tavola da surf
surfing: to go surfing fare il surf [faray eel...]
surname il cognome [kon-yomay]
swearword una parolaccia [parolacha]
sweat *(verb)* sudare [soodaray]
sweater un maglione [mal-yonay]

sweet *(dessert)* un dolce [dolchay]
  it's too sweet è troppo dolce [ay...]
sweets le caramelle [-mel-lay]
swerve: I had to swerve ho dovuto sterzare
  [o dovooto stairtzaray]
swim: I'm going for a swim vado a fare una
  nuotata [vado ah faray oona nwotahta]
  I can't swim non so nuotare [...nwotaray]
  let's go for a swim andiamo a farci una
  nuotata [andee-ahmo ah farchee...]
swimming costume il costume da bagno
  [kostoomay da ban-yo]
swimming pool la piscina [peesheena]
Swiss svizzero [sveet-tzayro]
switch l'interruttore [eentair-root-toray]
  to switch on accendere [achendairay]
  to switch off spegnere [spen-yairay]
Switzerland la Svizzera [sveet-tzaira]

T [tee]

T, tabacchi *tobacconist, also a place to buy stamps
  and bus tickets*
table una tavola [tavola]
  a table for four un tavolo per quattro
table wine un vino da pasto [veeno...]
take prendere [prendairay]
  can I take this? posso prendere questo?
  will you take me to the airport? mi porti
  all'aeroporto, per favore [mee portee...]
  how long will it take? quanto ci vorrà? [...chee
  vor-rah]
  somebody has taken my bags qualcuno ha
  preso le mie valigie [kwalkoono ah prayzo lay
  mee-ay valeejay]
  can I take you out tonight? posso portarti

fuori questa sera? [...fworee...]
is this seat taken? è occupato? [ay...]
  I'll take it lo/la prendo
talk *(verb)* parlare [parlaray]
tall alto
tampons gli assorbenti interni [...eentairnee]
tan l'abbronzatura [ab-brontzatoora]
  I want to get a tan voglio abbronzarmi [volyo
  ab-brontzarmee]
tank *(of car)* il serbatoio [sairbato-yo]
tap il rubinetto [roobeenet-to]
tape *(cassette)* un nastro
tape-recorder un registratore [rayjeestratoray]
tariff la tariffa
taste il sapore [saporay]
  (in clothes etc) il gusto [goosto]
  can I taste it? posso assaggiarlo? [...as-saj-jarlo]
tavola calda snackbar; hot meals
taxi un taxi
  will you get me a taxi? mi può chiamare un
  taxi? [mee pwo kee-amaray...]
  where can I get a taxi? dove posso prendere
  un taxi? [dovay pos-so prendairay...]

  ✈ You don't hail taxis in the street. You
    phone for one or go to one of the taxi
    ranks outside stations, in the town centre
    etc.

taxi-driver il/la tassista
tea il tè [tay]
  could I have a cup of tea? posso avere un tè?
  [...avairay...]
  with milk/lemon al latte/al limone [al lat-tay/al
  leemonay]

✈ Tea is usually served either black or with lemon (**al limone**); tea with milk is very unusual and milk must be ordered separately.

teach: could you teach me some Italian? mi può insegnare un po' di italiano? [mee pwo eensayn-yaray...]

teacher l'insegnante [eensayn-yantay]

telephone il telefono [telayfono]
  go to **phone**

telephone directory l'elenco telefonico [...telayfoneeko]

television la televisione [telayveezee-onay]
  I'd like to watch television vorrei guardare la televisione [vor-ray gwardaray...]

tell: could you tell me where...? mi può dire dove...? [mee pwo deeray dovay]
  could you tell him...? può dirgli...? [...deer-lee]
  I told him that... gli ho detto che... [lee o detto kay]

temperature *(weather etc)* la temperatura [-toora]
  he's got a temperature ha la febbre [ah la febbray]

temple *(Roman etc)* il tempio

tennis il tennis

tennis ball una palla da tennis

tennis court un campo da tennis

tennis racket una racchetta da tennis [rak-ket-ta...]

tent la tenda

terminus il capolinea [kapoleenay-a]

terrible terribile [tair-reebeelay]

terrific magnifico [man-yeefeeko]

text: I'll text you ti mando un messaggino [tee mando oon mes-saj-jeeno]

text message un messaggino [mes-saj-jeeno]

than di [dee]
  bigger than... più grande di... [pew granday dee]
thanks, thank you grazie [gratzee-ay]
  thank you very much grazie tante [...tantay]
  no thank you no grazie
  thank you for your help grazie mille [...meel-lay]

> *YOU MAY THEN HEAR*
> prego *you're welcome*

that quello/a [kwel-lo/a]
  that man/that chair quell'uomo/quella sedia
  I would like that one vorrei quello [vor-ray...]
  how do you pronounce that? come si dice?
  [komay see deechay]
  I think that... credo che... [kraydo kay]
the *(singular)* il, lo/la
  (plural) i, gli/le [ee, lee, lay]

> Use the **lo** and **gli** forms with words
> starting with s+consonant, gn, ps and z.
>   **lo scontrino** the receipt

theatre il teatro [tay-ahtro]
their il loro/la loro
  (plural) i loro/le loro [ee.../lay...]

> Use **il loro** or **la loro** depending on
> whether the word following takes **il** or **la**.

theirs: it's theirs è loro
them: I see them li/le vedo [lee/lay vaydo]
  I sent it to them gliel'ho mandato [lee-ay-lo mandahto]
  for them per loro
  with them con loro
  who? – them chi? – loro
then *(at that time)* allora
  (after that) poi [poy]

there lì [lee]

how do I get there? come ci arrivo? [komay chee ar-reevo]

is there/are there...? c'è.../ci sono...? [chay/ chee...]

there is/there are... c'è.../ci sono...

there isn't/there aren't... non c'è.../non ci sono...

there you are *(giving something)* ecco

these questi/queste [kwestee/kwestay]

they loro

> If there is no special emphasis Italian doesn't use the word **loro**.
>   **they are...** sono...

thick spesso

(stupid) duro [dooro]

thief il ladro

(woman) la ladra

thigh la coscia [kosha]

thin sottile [sot-teelay]

thing una cosa [koza]

I've lost all my things ho perso tutto [o pairso toot-to]

think pensare [pensaray]

I'll think it over ci penso su [chee...soo]

I think so penso di sì [penso dee see]

I don't think so penso di no

third *(adjective)* terzo [tairtzo]

thirsty: I'm thirsty ho sete [o saytay]

this questo/a [kwesto]

this hotel/this street quest'albergo/questa strada

can I have this one? posso avere questo?

this is my wife/this is Mr... le presento mia moglie/il signor... [lay prayzento mee-a mol-yay/

eel seen-yor]
this is very good è buonissimo
this is... *(on telephone)* sono...
is this...? è questo...? [ay...]
those quelli/quelle [kwel-lee/kwel-lay]
  no, not these, those! no, non questi/e, quelli/e!
thread il filo [feelo]
throat la gola
throttle *(of motorbike, boat)* l'acceleratore
  [achelayratoray]
through *(across)* attraverso [-vairso]
  through Milan per Milano [pair...]
  it's through there per di là [...dee la]
throw gettare [jet-taray]
thumb il pollice [pol-leechay]
thunder il tuono [twono]
thunderstorm il temporale [-rahlay]
Thursday giovedì [jovaydee]
ticket il biglietto [beel-yet-to]
  (for cloakroom) lo scontrino [skontreeno]
  go to **bus**
tie *(necktie)* una cravatta
tight *(clothes)* stretto
tights *(pair)* i collant [kolong]
time il tempo
  I haven't got time non ho tempo [...o...]
  for the time being per ora
  this time/last time/next time questa volta/la
  volta scorsa/ la prossima volta [...pros-seema...]
  three times tre volte [tray voltay]
  have a good time! si diverta! [see deevairta]
  what's the time? che ore sono? [kay oray...]

HOW TO TELL THE TIME:
  it's one o'clock è l'una [ay loona]
  it's two/three/four o'clock sono le due/

tre/quattro [...lay doo-ay/tray...]
it's 5/10/20/25 past seven sono le sette e
cinque/dieci/venti/venticinque [..set-tay ay
cheen-kway/dee-ay-chee/vayn-tee/vayn-tee-
cheen-kway]
it's quarter past eight/eight fifteen
sono le otto e un quarto/le otto e quindici
[...kween-dee-chee]
it's half past nine/nine thirty sono le
nove e mezza/le nove e trenta [...no-vay ay
met-tza...]
it's 25/20/10/5 to ten sono le dieci meno
venticinque/venti/dieci/cinque [...mayno...]
it's 10/5 to eleven sono le undici meno
dieci/cinque [...oon-dee-chee...]
it's quarter to eleven/10.45 sono
le undici meno un quarto/le dieci e
quarantacinque
it's twelve o'clock (am/pm) sono le
dodici/ventiquattro [...do-dee-chee...]
at... alle…
at one o'clock all'una
at three thirty alle tre e mezza

timetable l'orario [oraree-o]
tin *(can)* un barattolo [barat-tolo]
tin-opener un apriscatole [apreeskatolay]
tip una mancia [mancha]
  is the tip included? è compresa la mancia? [ay
  komprayza...]

✈ In restaurants service is nearly always
   included. You can leave small change as
   a tip but it's not expected. In bars and
   other places where your change is put in
   a small dish it's at your discretion whether

you take it all or not. On your bill you may see a sum for **coperto** or **pane e coperto** (cover charge or bread and cover charge).

tirare pull
tired stanco
  I'm tired sono stanco/a
tissues i fazzolettini di carta [fat-tzolet-teenee dee...]
to: to Turin a Torino
  to England in Inghilterra [...eengheeltair-ra]
  to Marcello's da Marcello
  _go to_ **time**

The word **a**, when used with the words for 'the' **il/lo/la** becomes **al/allo/alla**. With the plural forms for 'the' **i/gli/le** it becomes **ai/agli/alle**.
  to the restaurant al ristorante
  to the station alla stazione

toast _(piece of)_ il pane tostato [pahnay tostahto]
tobacco il tabacco
today oggi [oj-jee]
toe il dito del piede [deeto del pee-ayday]
together insieme [eensee-aymay]
  we're together siamo insieme [see-ahmo...]
  can we pay all together? possiamo pagare tutti insieme? [...pagaray...]
toilet la toilette [twalet]
  where are the toilets? dove sono le toilette? [dovay sono lay twalet]
  I have to go to the toilet devo andare alla toilette [dayvo andaray...]

➤ There aren't many public toilets. But most bars have a toilet that can be used free of charge, although you should really buy something first.

toilet paper: there's no toilet paper non c'è carta igienica [non chay karta eejayneeka]

tomato un pomodoro

tomato juice un succo di pomodoro [sook-ko dee...]

tomato ketchup il ketchup

tomorrow domani [domahnee]

  tomorrow morning domattina

  tomorrow afternoon domani pomeriggio [...pomayreej-jo]

  tomorrow evening domani sera

  the day after tomorrow dopodomani

  see you tomorrow a domani

tongue la lingua [leengwa]

tonic (water) un'acqua brillante [...breel-lantay]

tonight stasera [stasaira]

tonsilitis la tonsillite [-leetay]

too troppo

  (also) anche [ankay]

  that's too much questo è troppo [...ay...]

  me too anch'io [ankee-o]

tool un attrezzo [at-tret-tzo]

tooth un dente [dentay]

toothache: I've got toothache ho mal di denti [o...dee dentee]

toothbrush uno spazzolino da denti [spat-tzoleeno da dentee]

toothpaste il dentifricio [denteefreecho]

top: on top of... sopra...

  on the top floor all'ultimo piano [al-loolteemo pee-ahno]

  at the top in cima [een cheema]

torch una torcia elettrica [torcha...]

total il totale [totahlay]

tough duro [dooro]

tour un giro [jeero]

we'd like to go on a tour of... vorremmo visitare... [...veezeetaray]

we're touring around facciamo il giro del paese [fachahmo eel jeero del pa-ayzay]

tourist un/una turista

    I'm a tourist sono un/una turista

tourist office l'ufficio turistico [oof-feecho tooreesteeko]

tow *(verb)* rimorchiare [reemorkee-aray]

    can you give me a tow? mi può rimorchiare? [mee pwo...]

towards verso [vairso]

    he was coming straight towards me veniva diritto verso di me [veneeva deereet-to vairso dee may]

towel un asciugamano [ashooga-mahno]

town la città [cheet-tah]

    (smaller) la cittadina [cheet-tadeena]

    in town in città

    would you take me into town? mi porta in città? [mee...]

towrope un cavo da rimorchio [kahvo da reemorkee-o]

traditional tradizionale [tradeetzee-onahlay]

    a traditional Italian meal un pasto all'italiana [...eetalee-ahna]

traffic il traffico [traf-feeko]

traffic jam un ingorgo

traffic lights il semaforo [saymaforo]

> ✈ At minor junctions traffic lights are often switched off or left just flashing overnight – so watch out.

train il treno [trayno]

> ✈ It's best to book in advance as trains are crowded. Eurostar is a fast long-distance

train with compulsory booking; the **rapido** is a fast intercity with surcharge (**supplemento**) payable. Always remember to punch your tickets (**la convalida**) in the machine, a little yellow box on the platform or at the entrance to the platforms, before boarding the train.

trainers le scarpe da ginnastica [skarpay da jeennasteeka]

train station la stazione [statzee-onay]

tranquillizers i tranquillanti [-kweel-lantee]

translate tradurre [tradoor-ray]

would you translate that for me? me lo può tradurre? [may lo pwo...]

travel viaggare [vee-aj-jaray]

travel agent's un'agenzia di viaggi [ajentzee-a dee vee-aj-jee]

traveller's cheque il traveller's cheque

tree l'albero [albairo]

tremendous *(very good)* formidabile [-dahbeelay]

treni trains

trim: just a trim, please solo una spuntatina per favore [...spoontateena pair favoray]

trip *(journey)* un viaggio [vee-aj-jo]

(outing) una gita [jeeta]

we want to go on a trip to... vorremmo fare una gita a... [...faray oona...ah]

trouble i problemi [problaymee]

I'm having trouble with... ho problemi con... [o...]

trousers i pantaloni [pantalonee]

true vero [vayro]

it's not true non è vero [...ay...]

trunks *(swimming)* il costume [kostoomay]

try provare [provaray]

  can I try it on? posso provarlo/la?
T-shirt una maglietta [mal-yet-ta]
Tuesday martedì [martaydee]
tunnel il tunnel [toon-nel]
turn: where do we turn off? dove voltiamo?
  [dovay voltee-ahmo]
twice due volte [doo-ay voltay]
  twice as much il doppio [dop-pee-o]
twin beds due letti [doo-ay let-tee]
twin room una camera a due letti [kamaira ah
  doo-ay let-tee]
typical tipico [teepeeko]
tyre una gomma
  I need a new tyre ho bisogno di una gomma
  nuova [o beezon-yo dee oona...nwova]

✈ tyre pressure

lb/sq in	18	20	22	26	28	30
kg/sq cm	1.3	1.4	1.5	1.7	2	2.1

U [oo]

ugly brutto [broot-to]
ulcer l'ulcera [oolchayra]
umbrella un ombrello
uncle: my uncle mio zio [...tzee-o]
uncomfortable scomodo [skomodo]
unconscious privo di sensi [preevo dee...]
under sotto
underdone poco cotto
underground (rail) la metropolitana

✈ Underground tickets will also be valid for
bus travel.

---

understand: I understand capisco [kapeesko]
  I don't understand non capisco

do you understand? capisce? [kapeeshay]
undo disfare [deesfaray]
unfriendly scontroso
unhappy infelice [eenfayleechay]
United States gli Stati Uniti [stahtee ooneetee]
university l'università [ooneevairseetah]
unleaded la benzina senza piombo [...pee-ombo]
unlock aprire [apreeray]
until fino a [feeno ah]
  not until Tuesday non prima di martedì [non
  preema dee...]
unusual insolito [eensoleeto]
uomini gents
up su [soo]
  he's not up yet non si è ancora alzato [non see
  ay ankora altzahto]
  what's up? cosa succede? [koza soochayday]
  up there lassù [las-soo]
upside-down alla rovescia [...rovaysha]
upstairs di sopra [dee...]
urgent urgente [oorjentay]
us: can you help us? ci può aiutare, può
  aiutarci? [chee pwo ah-yootaray...]
  for us per noi [pair noy]
  with us con noi
  it's us siamo noi
  who? – us chi? – noi
USA gli USA [ooza]
uscita exit; gate
uscita di sicurezza emergency exit
use: can I use...? posso usare...? [...oozaray]
useful utile [ooteelay]
usual solito [soleeto]
  as usual come al solito [komay...]
usually di solito [dee soleeto]
U-turn un'inversione a U [eenvairs-yonay ah oo]

V [voo]

vacate *(room)* lasciare vacante [lasharay vakantay]

vacation la vacanza [vakantza]

vaccination una vaccinazione [vacheenatzee-onay]

vacuum flask un thermos [tairmos]

valanghe avalanches

valid valido [valeedo]

   how long is it valid for? fino a quando è valido? [feeno ah...]

valley la valle [val-lay]

valuable di valore [dee valoray]

   will you look after my valuables? può tenere al sicuro i miei oggetti di valore [pwo taynairay al seekooro ee mee-ay-ee oj-jet-tee...]

value il valore [valoray]

van un furgone [foorgonay]

vanilla la vaniglia [vaneel-ya]

veal il vitello [veetel-lo]

vegetables le verdure [vairdooray]

vegetarian vegetariano [vayjaytaree-ahno]

ventilator il ventilatore [-toray]

vernice fresca wet paint

very molto

   very much moltissimo

via via [vee-a]

vietato ai minori adults only

vietato attraversare i binari crossing the tracks is forbidden

vietato fumare no smoking

vietato l'accesso no entry

vietato l'accesso ai mezzi non autorizzati no entry to unauthorized vehicles

village un paese [pa-ayzay]

vine la vite [veetay]
vinegar l'aceto [achayto]
vineyard una vigna [veen-ya]
violent violento [vee-olento]
visit *(verb)* visitare [veezeetaray]
vodka una vodka
voice la voce [vochay]
volo flight
voltage il voltaggio [voltaj-jo]

✈ 220 in Italy, as in the UK.

W [dop-pee-o voo]

waist la vita [veeta]
wait: will we have to wait long? dobbiamo
   aspettare a lungo? [...aspet-taray ah loongo]
   wait for me mi aspetti [mee...]
   I'm waiting for a friend/my wife aspetto un
   amico/mia moglie [...oon ameeko/mee-a mol-yay]
waiter il cameriere [kamairee-ayray]
   waiter! cameriere!
waitress la cameriera [kamairee-ayra]
wake: will you wake me up at 7.30? mi sveglia
   alle sette e mezza? [mee svel-ya al-lay set-tay ay
   met-tza]
Wales il Galles [gal-lays]
walk: can we walk there? possiamo andarci a
   piedi? [...andarchee ah pee-aydee]
walking shoes le scarpe da passeggio [skarpay
   da pas-sej-jo]
wall il muro [mooro]
wallet il portafoglio [portafol-yo]
want: I want... voglio... [vol-yo]
   I want to talk to... voglio parlare con...
   [...parlaray...]

what do you want? che cosa vuole/vuoi?
(polite/familiar) [kay koza vwolay/vwoy]
I don't want to non ne ho voglia [non nay o volya]
he/she wants to... vuole...
war la guerra [gwair-ra]
warm caldo
warning un avviso [av-veeso]
was

> Here is the past tense of the verb 'to be'.
>
> **I was** ero [airo]
> **you were** *(familiar)* eri [airee]
> **you were** *(polite)* era [aira]
> **he/she/it was** era
> **we were** eravamo [airavahmo]
> **you were** *(plural)* eravate [airavahtay]
> **they were** erano [airahno]

wash: can you wash these for me? può lavarmi questi? [pwo...]
washbasin il lavabo
washer *(for nut)* la rondella
washing machine la lavatrice [lavatreechay]
washing powder il detersivo [daytairseevo]
wasp una vespa
watch *(wristwatch)* l'orologio [orolojo]
will you watch my bags for me? può guardarmi i bagagli? [pwo gwardarmee ee bagal-yee]
watch out! attento!
water l'acqua
can I have some water? posso avere dell'acqua? [...avairay...]
hot and cold running water acqua corrente calda e fredda [...kor-rentay...]

waterfall una cascata

waterproof impermeabile [eempairmayahbeelay]

waterskiing lo sci nautico [shee nowteeko]

way: it's this way è di qua [ay dee...]

  it's that way è di là

  do it this way si fa così [...kosee]

  no way! assolutamente no! [as-solootamentay...]

  is it on the way to...? è lungo la strada per...?

  [ay loongo la strahda pair]

  could you tell me the way to get to...?

  mi può indicare la strada per...? [mee pwo

  eendeekaray...]

  go to **where** *for answers*

we noi [noy]

> If there is no special emphasis Italian
> doesn't use the word **noi**.
>   **we can't...** non possiamo...

weak *(person)* debole [daybolay]

weather il tempo

  what filthy weather! che tempo schifoso! [kay

  ...skeefozo]

  what's the weather forecast? quali sono

  le previsioni del tempo? [kwalee sono lay

  prayveezee-onee...]

> *YOU MAY THEN HEAR*
> pioverà *it's going to rain*
> farà bel tempo *it's going to be fine*

website un sito web [seeto...]

Wednesday mercoledì [mairkolaydee]

week la settimana

  a week today oggi a otto [oj-jee...]

  a week tomorrow domani a otto

weekend: at the weekend nel weekend

weight il peso [payzo]

welcome: you're welcome prego [praygo]
well: I'm not feeling well non mi sento bene
  [non mee sento baynay]
  he's not well non sta bene
  how are you? – very well, thanks come sta?
  – bene, grazie [komay sta baynay gratzee-ay]
  you speak English very well parla inglese
  molto bene [...eenglayzay...]
  well, well! guarda, guarda! [gw-]
Welsh gallese [gal-layzay]
were go to was
west l'ovest [ovest]
West Indies le Indie Occidentali [eendee-ay
  ocheedentahlee]
wet bagnato [ban-yahto]
  (weather) umido [oomeedo]
wet suit la tuta da sub [toota da soob]
what? cosa? [koza]
  what is that? cos'è questo? [kozay...]
  what for? perché? [pairkay]
  what train? quale treno? [kwalay...]
wheel la ruota [rwota]
wheel chair una sedia a rotelle [saydee-a ah rotel-
  lay]
when? quando? [kwando]
  when is breakfast? a che ora è la colazione?
  [ah kay ora ay la kolatzee-onay]
where? dove? [dovay]
  where is...? dov'è...? [dovay]

> *YOU MAY THEN HEAR*
> sempre diritto *straight on*
> a destra *to the right*
> a sinistra *to the left*
> torni indietro *go back*

which? quale? [kwahlay]

which one? quale?

> *YOU MAY THEN HEAR*
> questo/a *this one*
> quello/a *that one*

whisky un whisky
white bianco [bee-anko]
white wine il vino bianco [...bee-anko]
Whitsun la Pentecoste [-kostay]
who? chi? [kee]
whose: whose is this? di chi è questo?

> *YOU MAY THEN HEAR*
> è mio/a *it's mine*
> è suo/a *it's his/hers*

why? perché? [pairkay]
  why not? perché no?

> *YOU MAY THEN HEAR*
> perché... *because...*

wide largo
wife: my wife mia moglie [mee-a mol-yay]
will: when will it be finished? quando sarà pronto?
  will you do it? lo può fare? [...pwo faray]
  I'll come back torno
win vincere [veenchairay]
  who won? chi ha vinto?
wind il vento
window la finestra [feenestra]
  (of car, plane) il finestrino
  (of shop) la vetrina
  near the window vicino alla finestra [veecheeno...]
window seat un posto vicino al finestrino [...veecheeno...]

windscreen il parabrezza [parabret-tza]

windscreen wipers i tergicristalli [tairjeekreestal-lee]

windy: it's windy today oggi c'è vento [oj-jee chay vento]

wine il vino [veeno]

can I see the wine list? posso avere la lista dei vini? [...avairay la leesta day veenee]

> ✈ The best wines show D.O.C.
> **(Denominazione d'Origine Controllata)**
> and the place where bottled (**cantine di...**) on the label.
> **Barolo, Barbera, Barbaresco**: full bodied reds from Piedmont, go well with roast meat;
> **Bardolino, Valpolicella**: light reds, go well with all kinds of meat;
> **Pinot Bianco/Grigio**: dry whites from Friuli;
> **Lambrusco**: sparkling red from Emilia;
> **Frascati**: white, dry or sweet, from near Rome;
> **Orvieto**: dry white;
> **Chianti**: red and white, from Tuscany (the best is Chianti Classico);
> **Verdicchio**: dry white from Marche, very good with fish;
> **Vernaccia**: white from Sardinia, very strong and aromatic; the variety from Tuscany is drier.

two red wines due bicchieri di rosso [doo-ay beek-yayree...]

> **a bottle of house red/white** una bottiglia di vino rosso/bianco della casa [...boteel-ya...]

winter l'inverno [eenvairno]
wire il filo metallico [feelo maytal-leeko]
   (electric) il filo elettrico [...aylet-treeko]
wish: best wishes tanti auguri [tantee owgooree]
with con
without senza [sentza]
witness un/una testimone [testeemonay]
   will you act as a witness for me? mi può fare
   da testimone? [mee pwo faray...]
woman una donna
   women le donne [don-nay]
wonderful meraviglioso [mayraveel-yozo]
won't: it won't start non parte [non partay]
wood il legno [layn-yo]
   (forest) il bosco
wool la lana
word una parola
   I don't know that word non conosco questa
   parola
work lavorare [lavoraray]
   I work in London lavoro a Londra
   it's not working non funziona [...foontzee-ona]
worry: I'm worried about him sono
   preoccupato per lui [...pray-ok-koopahto pair
   loo-ee]
   don't worry non si preoccupi [non see pray-ok-
   koopee]
worse: it's worse è peggio [ay pej-jo]
worst il peggio [pej-jo]
worth: it's not worth that much non vale tanto
   [...vahlay...]
worthwhile: is it worthwhile going to...? vale
   la pena di andare a...? [vahlay la payna dee
   andaray ah]
wrap: could you wrap it up? mi può fare un
   pacchetto? [mee pwo faray oon pak-ket-to]

wrench *(tool)* una chiave inglese [kee-ahvay eenglayzay]

wrist il polso

write scrivere [skreevairay]

  could you write it down? può scriverlo? [pwo...]

  I'll write to you ti scrivo [tee skreevo]

writing paper la carta da lettere [...let-tairay]

wrong sbagliato [sbal-yahto]

  I think the bill's wrong penso che il conto sia sbagliato

  there's something wrong with... c'è qualcosa che non va con... [chay kwalkoza kay...]

  you're wrong lei ha torto [lay ah torto]

  that's the wrong key è la chiave sbagliata

  sorry, wrong number *(I have)* scusi, ho sbagliato numero [skoozee, o sbal-yahto noomayro]

  (you have) ha sbagliato numero

  I got the wrong train ho sbagliato treno

  what's wrong? cosa succede? [...soochayday]

Y [ee-greka]

yacht uno yacht

yard

> ✈ 1 yard = 91.44 cms = 0.91 m

year un anno

  this year quest'anno [kwestan-no]

  next year l'anno prossimo [...pros-seemo]

yellow giallo [jal-lo]

yellow pages le pagine gialle [pajeenay jal-lay]

yes sì [see]

yesterday ieri [yayree]

  the day before yesterday l'altroieri [laltro-

yayree]
yesterday morning ieri mattina
yesterday afternoon ieri pomeriggio
[...pomaireej-jo]
yet: is it ready yet? è pronto? [ay ...]
  not yet non ancora [...ankora]
yoghurt uno yoghurt
you

> In the singular there is **tu** [too] for friends
> and relatives and people you're on friendly
> terms with; and there is **lei** [lay], the polite
> form.
>   **is that you?** sei tu/è lei? [say too/ay lay]
>
> But if there is no special emphasis
> Italian doesn't use the words **tu** or **lei** as
> subjects.
>   **what are you doing?** *(familiar)* cosa fai?
>   *(polite)* cosa fa?
>
> The object forms:
>   **I can't hear you** *(familiar)* non *ti* sento
>   [tee...]
>   *(polite)* non *la* sento
>   **I'll send it to you** *(familiar)* *te* lo spedisco
>   [tay...]
>   *(polite)* glielo spedisco [lee-aylo...]
>
> With prepositions:
>   **with you** con te/lei
>   **for you** per te/lei
>
> In the plural the same word **voi** [voy] is
> used for both familiar and polite.
>   **is that you?** siete voi? [see-aytay voy]
>
> As subject **voi** is often omitted.
>   **are you all ready?** siete tutti pronti?

> The object form in the plural is **vi.**
>   **I'll wait for you** vi aspetto
>   **I'll send it to you** ve lo mando [vay...]
>
> With prepositions:
>   **with you** con voi
>   **for you** per voi

young giovane [jovanay]
your *(familiar)* il tuo/la tua [too-o...]
   (plural) i tuoi/le tue [too-oy/too-ay]
   (polite) il suo/la sua [soo-o...]
   (plural) i suoi/le sue [soo-oy/soo-ay]
   (talking to several people) il vostro/la vostra
   (plural) i vostri/le vostre

> Use **il tuo** or **la tua** etc depending on
> whether the word following takes **il** or **la**.
>   **is this your car?** è questa la tua
>   macchina? [ay...mak-keena]
>   *(polite)* è questa la sua macchina?
>   **is this your seat?** è questo il tuo posto?
>   *(polite)* è questo il suo posto?

yours go to **your**
youth hostel un ostello per la gioventù
   [...joventoo]

Z [tzay-ta]

zero zero [tzayro]
   below zero sotto zero
zip una cerniera [chairnee-ayra]
   could you put a new zip on? potrebbe
   cambiare la cerniera? [potreb-bay kambee-
   aray...]
zona disco parking disc zone
zona pedonale pedestrian area

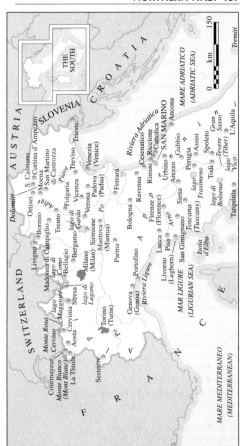

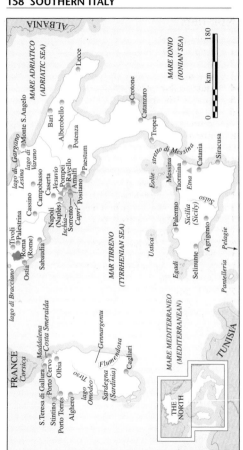

Numbers

0	zero [tzayro]
1	uno [oono]
2	due [doo-ay]
3	tre [tray]
4	quattro [kwat-tro]
5	cinque [cheen-kway]
6	sei [say]
7	sette [set-tay]
8	otto [ot-to]
9	nove [no-vay]
10	dieci [dee-aychee]
11	undici [oon-deechee]
12	dodici [do-deechee]
13	tredici [tray-deechee]
14	quattordici [kwat-tor-deechee]
15	quindici [kween-deechee]
16	sedici [say-deechee]
17	diciassette [deechas-set-tay]
18	diciotto [deechot-to]
19	diciannove [deechan-no-vay]
20	venti [ventee]
21	ventuno
22	ventidue
23	ventitré
24	ventiquattro
25	venticinque
26	ventisei
27	ventisette
28	ventotto
29	ventinove
30	trenta
31	trentuno
40	quaranta
50	cinquanta
60	sessanta

70	settanta
80	ottanta
90	novanta
100	cento [chento]
101	centouno [chento-oono]
165	centosessantacinque
200	duecento
1,000	mille [meel-lay]
2,000	duemila [doo-ay-meela]
10,000	diecimila [dee-aychee-meela]
1,000,000	un milione [meel-yonay]

NB In Italy a comma is used for a decimal point; for thousands use either nothing or a full stop, eg 3000 or 3.000

The alphabet: how to spell in Italian

Letters in brackets don't actually exist in the Italian alphabet, but are needed for spelling English names.

a [ah] **b** [bee] **c** [chee] **d** [dee] **e** [ay] **f** [ef-fay]
g [jee] **h** [ak-ka] **i** [ee] **(j)** [ee loonga] **(k)** [kap-pa]
l [el-lay] **m** [em-may] **n** [en-nay] **o** [o] **p** [pee]
q [koo] **r** [air-ray] **s** [es-say] **t** [tee] **u** [oo] **v** [voo]
(w) [dop-pee-o voo] **(x)** [eeks] **(y)** [ee-greka]
z [tzay-ta]